青春文庫

服が片づくだけで暮らしは変わる

広沢 かつみ

はじめに

洋服を手放すことで気持ちが軽くなっていく

あなたが一番片づけられない、捨てられないものはなんですか？

持っていないようで実はたくさん持っている洋服。私が片づけに伺うお宅で「洋服は少ない」という家は、今のところないんです。

洋服はなかなか手放すことができないモノのナンバー1かもしれません。「痩せたら着られる」「いつか着るかも」「そんなに着ていないから」……といろいろな理由がありますね。

でも、理由がいっぱいあっても「着ない」ですよね。ただ、とっておく理由をいろいろと述べているだけ。実際に捨てないでとっておいても、今年も来年も、たぶん着ないはず。

着ない洋服をとっておく理由はなんでしょう？

それは、「あれば着る」と思っているからですよね。

クローゼットに入れておけば「着るだろう」ということだと思います。でも、やっぱり着ないのです。それは、他の洋服に埋もれて発見できない場合もありますし、違う洋服ばかりを選んで出番が回ってこない場合もあります。

よく見てください。着ない洋服があなたのクローゼットを埋めています。そればかりか、家のあちこちにまで洋服が溢《あふ》れているお宅も……。

「片づけたい」「洋服を整理したい」。そんな風に感じているのに手放せない自分にジレンマを感じている方も多いと思われます。

そう思う一方で、購買欲が減らないのも洋服ならでは。「もう、買わない！」と決めても、ショップの前を通ると飾ってある洋服を見て、ついお店に入ってしまう。ネットや通販の洋服を見ているうちについ注文してしまった。そんなこと、よくあるのではないでしょうか？

まさに、ダイエット宣言をしながらもスイーツを食べてしまう……のと同じこと。人は意志の弱い生き物です（笑）。

ダイエットでの成功は、目的が要です。単に体重を落としたいと思っているだけでは、そのうちそのうちで、なかなか進みません。禁煙もそうですね。片づけもまさに同じなんです。

洋服を片づけたいと思っていても、特に目的がなければ、やっぱり「そのうち」となります。あなたの目的をはっきりさせましょう。
家の中をスッキリさせたいのか、洋服を必要な時に必要なモノがすぐ見つかるようにしたいのか、素敵なコーディネートをしたいのか……。

この本は、片づけ方、見つけ方、コーディネートに関する考え方を書いています。自分にあてはまるパターンを見つけて、洋服を整理する気になってもらえたらと思います。

ただ、それでもなんとか片づけようと行動していくうちに、ある日ある時に、こんなに洋服を持っていても仕方がないのでは——と思う時がきます。そこからがまさに視界が晴れて見通しがよくなったかのように気持ちが変わり、クローゼットも部屋も心もスッキリするのです。

洋服が至るところにあるのなら、それが片づいただけでどんなにスッキリすることでしょう。

洋服を手放すということは、ある意味、過去の自分との決別にもなります。

洋服を手放すことができると、片づけは上手くいったも同然だと思います。前述したように洋服が一番手放しにくいものだからです。それができたということは、他のモノもスムーズにいくからです。

「持っていてもしょうがない」

そんな風に思えるようになれば、片づけはどんどん進みます。進むにしたがって、気持ちが軽くなっていきます。その軽やかさを皆さんにも実感していただきたい。

どうか、「そうは言っても」と初めからできないと思わずに、本書の中で自分でやれそうなところから手をつけてみてください。読むだけでは何も変わらなくても、1つでも実行していただければ、片づけの第一歩となります。

目次

服が片づくだけで暮らしは変わる

第1章 捨てられないモノNo.1 片づかないモノNo.1、それが服です 15

第2章 なぜ、「部屋が服で溢れてしまう」のでしょうか?

第3章　満足な「収納スペース」がありますか？　75

第4章　季節ごとの「衣替え」で、寝室も片づく！

第5章 「靴・鞄・小物」もファッションの一部 123

第6章 服の整理は、部屋だけではなく自分を整えること 141

最終章

クローゼットが片づいたら セルフイメージも上がった！　171

カバー写真　Blinka/shutterstock.com
本文イラスト　戸塚恵子
本文デザイン　浦郷和美
ＤＴＰ　森の印刷屋
編集協力　糸井浩

第1章

捨てられないモノNo.1
片づかないモノNo.1、
それが服です

あなたの住まいで洋服はどこに置いてありますか？

洋服は、クローゼットやチェスト、タンス、衣装ケースの中にしまってあってほしいものですが、残念ながら、片づけを依頼されるお宅に伺うと、床の上、ソファの上、ダイニングチェアの背もたれ、玄関……至る場所で洋服を発見します。

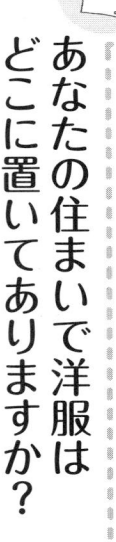

ひどい状態になると、ダイニングチェアの背もたれは、まるでソファのように〝着ぶくれ〟をしています。何着も掛かっているため、下の方にある洋服はもう存在自体忘れ去られている状況にあります。さらに、春夏秋冬全ての衣服が掛かっています。

また、リビングに隣接した和室に洗濯した衣服を山積みにしているお宅もありますし、引っ掛けられる、ありとあらゆる場所にハンガーが掛かっているお宅、ベッドに洋服が布団のように乗っているお宅もあります。そんな光景を目にすると、散らかっている感がいなめませんね。

どうしてそうなるかというと、**帰宅後に脱いだ上着を掛ける場所が決まっていないために「とりあえず」で、その辺に置いたり、掛けたりするから**です。

洗濯したのはいいけれど、**後でたたんでしまおうと積んでおいてそのまま放置というパターンも多い**です。

散らかってしまう要因の一つとして、**洋服を置きやすい場所**——というのもあります。前述のようにソファや椅子の背もたれなど、**平面ではなく垂直で衣服が掛けやすい形状の場所。ハンガーが掛けやすい凹凸など。**この掛けやすい場所を変えるというのもアリですね。

また、もっと面倒くさがりな方になると、「着ていた洋服を洗濯する。洗ったら干す。干してある洋服を着る。着ていた洋服を洗濯機に……」の繰り返しを見事にしており、クローゼットやタンスにしまってある洋服の出番はまずないと言います。

実にもったいないというか、ただ単に着て出かければいい……といった状態になっているのです。

単に着るだけが悪いと言っているわけではありません。ただ、やはり洋服＝ファッションに関してはある程度身だしなみであったり、気を遣うものであったりします。洋服はあなたを素敵に見せるアイテム。常に素敵でいられるように似合う洋服を着回してほしいもの。そのためにも洋服は、きちんとしまうようにしましょう。

クローゼットやタンスの中…洋服から見えてくるもの

身なりというものは、第一印象であなたを判断する材料で、自分自身をうつす鏡でもあります。シワのないシャツ、仕立ての良いブラウス、きれいに磨かれた靴――。全てが、見る人からの評価につながります。

しまいこみすぎて洋服が虫に食われている、シワになっている、変色している、防虫剤の臭いがしみ込んでいる、手入れやチェックを怠り、毛玉が付いている、ほつれている、シミがついている……そんな状態にしていませんか？

どんなにきれいな人でも、日頃オシャレだと思っていても、そんな状態の衣服を身に着けていたら、評価はあっという間に下がってしまいます。

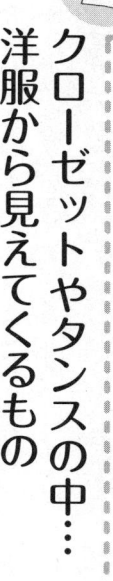

よく、仕事先は相手の足元を見ろとも言われますよね。これは、ちゃんと靴磨きをしているかどうかを見ている。靴の手入れまで気を抜かない人物かどうか判断されているということ。

いつ、何時でも意識した服装をしている、そこが大事なポイントです。

つまり、常にちゃんとしたクローゼット内やタンスの中であり、衣服をきちんと整頓させていれば、そのままの状態があなたの服装になるので、いつもちゃんとしているね、と思われます。

つまり、**クローゼットの中は、あなたが見えないところもきちんとしているかどうかの表れ**です。

例えば、よれよれのスーツを着ている営業マンとアイロンがしっかりかかったシャツ＆スーツを着ている営業マン。全く同じ品を売っているとして、どちらに信頼をおきますか？

これは、セミナーや講座で私がよくする質問ですが、全員の回答が100％アイロンのかかったシャツ＆スーツを着ている営業マンでした（実際、よれよれのスーツを着ているのは、独身ではなくて既婚の男性がほとんどです。本人の意識もさることながら、奥様のフォローも気になるところです）。

まさに、人は第一印象で決まる。実力をわかってもらうには、まず外見から、それから内面を知ってもらう。というのが当たり前のことであるとわかりますね。

第一印象を瞬時に決めてしまうのが、外見です

外見で判断されるといえば、私は出張先、旅先のホテルでチェックインをする時（つまり旅の1日目）は、コンサバ系のワンピースとジャケットと高級すぎない中くらいのブランドバッグを持って臨みます。

すると、飛行機での対応やホテルでの対応がよくなります。良い席が空いていれば移動させてくれたり、ランクアップした部屋が空いていたらそちらに変更してくださったりします。また、レストランなどではデザートサービスがあったり、良い席に案内してもらえたりします。

これはまさに第一印象によるもの以外の何物でもないと思われます。

その代わり、そう見ていただいたのですから、そこから離れるまでは、立ち振る舞

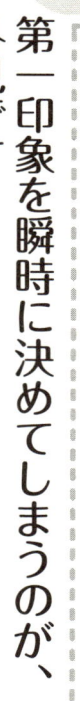

いやお礼、挨拶、笑顔はいつも以上に丁寧にしています。サービスの判断をしてくださった方々に、やっぱりサービスして良かったなと思っていただけるように。

付き合えば、私の良さがわかる——と言っても、わかってもらえるまでの時間があるかどうか？　もしかしたら、もう二度と会わないかもしれない。でも、ちゃんとした身なりをしていることで、また会う約束ができるかもしれないですね。

対象は人ではないですけれど、旅行に行く時にあなたは、予算以外でホテルをどうやって決めますか？　写真を見て、素敵な部屋や外観を重視しませんか？　本当の評価は実際に泊まらないとわかりませんが、その「泊まる」場所を決めるのは、写真という見た目が多いですよね？　人間もそういうことなんです。

男性も女性もある程度の年齢になったら、流行を追うよりも、若く見える服装をするよりも、仕立てのよい、品がある服装が一番きちんとして見えます。

そして、きちんとした出で立ちでいるためにも、衣服は常に状態のよいままでしまっておくこと。

私の好きな映画の一つ『マイ・インターン』。ロバート・デ・ニーロが、可愛いシニアインターンを演じているのですが、役柄の彼は、定番で質の良いモノを手入れし、長く使うという生活を続けています。そして、クローゼットも機能性とともに、衣服のそれぞれがきちんと仕分けられ、掛けられ、しまわれています。

役柄の彼は、品行方正で丁寧に暮らしているのがわかります。この映画の彼を見れば、クローゼットや持ち物に対する扱いが、本人の〝鏡〟であることが一目瞭然です。

一流のスポーツ選手が、道具を大切に扱うように、選び抜いた道具を使うように、本当にオシャレな人は、衣服をやはり大切に扱います。その辺に掛ける、放置するなんてありえないのです。そして、衣服も選び抜いて購入します。

洋服やモノを丁寧に扱う暮らし方が、その人の品となっていくと私は思っています。

たくさん持っているのに「着るモノがない」!?

クローゼットやタンスにいっぱい服はあるのだけど、いざとなると着るモノがない、と言う方、いますよね。

それは、安物買い、適当買い、衝動買いした洋服をただ持っているだけだから。

着る服がない！　と都度思うのであれば、「なぜ、ないのだろう?」「こんなにある洋服はいったいなんだろう?」と自分の行動に疑問を持つことです。片づけが苦手、モノはいっぱいあるけれど部屋の状況は変わらないという方の共通点は、一瞬そう思うだけで、「なぜ?」という意識がないこと。

「着る服がない」とわかっても、その洋服の数々をそのままにしているのですね。だから、毎回同じことの繰り返しになるのです。

着るモノがないと思った段階で、そのクローゼットの中身は、全部手放してもおかしくはないですよね？　だって、自分で無意識に「似合わない」「好きじゃない」「着心地が悪い」とマイナス要因しか考えられない服しかないのなら、ムリに着ることはしてほしくないですし、持っていても出番がないはず。

つまり、要らない洋服だらけという意味ではないですか。

「着るモノがない」イコール「着ない洋服しか入っていない」ということ。やはり、「なぜ？」「どうして？」を突き詰めていかないと変化はありません。

いつも着ているモノを出して並べてみる。併せて、その他の服を出してみる。いったい**どれだけ着ない洋服が入っているのでしょうか**。早速点検してみてくださいね。

「いつか着る」「とりあえずとっておく」捨てられない心理とは

片づけでお宅へ伺うと、潔くじゃんじゃん洋服を手放していける方と、全く手放せない方がいます。

まだ着られる、そのうち出番があると思って何年も着ていない洋服をとっておく方、星の数ほどいますね。

この心理が働くと洋服の数が一向に減りません。

無意識では、「もう着ない」「着る気がない」ってわかっているのですが、一着一着を見ると「もったいない、まだ着られる」と判断するからなのです。心の奥の声よりも目の前の利益を優先するのです。

目の前の欲に目がくらんでいる状態です。「手放すと損をする」という——。

いったい何が損なのかというと、「失う」ということ。**人は、失うことで得ることよりも「失ってしまう何か」に重点をおいてしまう**のです。だから、とりあえずとっておいた洋服をまた着ようとか、今度は着回そうとは真剣に思うことなく、「失いたくない」ただそれだけの思いに、すり替わっているだけのこと。

「いつか着るから」と思ってとっておいても、しばらく着ない。「いつどんな時着るのか」考えたって出てこないのです。それよりも、**その洋服がなくても全く困らない、という思考に変えていかないと手放せない**。

そういった思考は心が満たされてこそ初めてできます。

裕福な奥様のクローゼット整理に伺った時のことです。

本人は大幅に整理したいのになかなか手放せない。「まだ着ると思うの」「これも着ると思うわ」と。長期戦の予定で、3回目くらいの訪問で、家庭事情の深い話になりました。とても悲しい、寂しい毎日を長い間過ごしていることがわかりました。その心の隙間を埋めるものが、洋服だったのです。

もちろん、どんなに洋服を持っていても本当は埋まりません。だから、買っても買っても満たされない。だけど、本人はそこに気づいてはいない。洋服は増え続ける。根本を解決しない限りは、現状を整理してもまた繰り返すのみ。家庭内の事情が解決できないのであれば、家の中しか見てなかった世界を外に向けること、外出をしていくこと、交友関係を広げることをお勧めしました。

外出するようになると新しい服が欲しくなるかもしれません。でも、心の空洞を埋めるために買っていた服と決別し、楽しく過ごすための洋服が増えることには、大きな価値があります。

今を楽しむための衣服は必要ですね。

「買っても捨てない」を続けていると…

前著『玄関から始める片づいた暮らし』の55ページで書いたように、収納スペースに入りきらないから溢れる、という当たり前の法則です。

今あるクローゼットに例えば40着入るとします。数枚増えても、無理に詰めれば入ります。しかし、洋服はシワになります。

そして、それ以上増やすとハンガーを掛ける隙間もないため、クローゼット以外の場所に掛けることになります。クローゼット周囲のドアの上であったり、ちょっとしたフックに掛けたりと。

クローゼット以外の場所に数着出ていることに慣れると、悪い意味ではずみがつき、1着が2着、2着が3着に……というように増えてしまい、ルーズになっていきます。

そして、またさらに購入して洋服が増えていくと、「収納スペースが足りない！」となり、ハンガーパイプや衣装ケースなどを買って、洋服がさらに増えてもいいような状況になります。こんなことの繰り返しで、部屋、家の中がどんどん狭くなり、気付けば洋服だらけになっているのです。

あるお宅では、住まい中の洋服を集めると、家族2人分で8畳の部屋が軽く山積みになる状態でした。それは、現状ある衣服のチェックを全くせずに買い続けていたため、量の認識が鈍感になり、当たり前になっていき、洋服が多いと感じられなくなったのです。

衣服の収納スペースも大きいため大量の洋服がしまえるということも問題でした。

衣服のチェックとは、もう着られない状態（破れている、色褪《あ》せている、型崩れしているなど）、サイズが合わない、かなり古くなっている……そんな状態か否かを見極めること。そのチェックもなく、次々に購入。クローゼットもタンスも、衣装ケースもどんどん溢れ、新たに衣装ケースを買い足す、タンスを買い足す、の繰り返しで、家の床面積はかなり狭くなりますね。

賃貸マンションの家賃は、着ない洋服のために払っているようなものかもしれません。こうなると住まいではなく、倉庫に賃料を払っているのと同じこと。

また、以前、片づけに伺ったお宅の洋室には、造り付けのクローゼットの手前にパイプハンガーが２本。それも、重さで斜めになっている状態。それから、花嫁ダンスが2竿。そのタンスの上にハンガーを幅いっぱいかけていました。

つまり、タンスは開閉できない。クローゼットも開閉できない。洋服はいっぱい持っていても着ることができないという状態でした。とりあえず持っている全ての洋服を全部出していくと、未開封の洋服がいっぱいあったのです。値札も付いたままの新品です。本人も驚いていました。

結局、同じような新品の洋服はリサイクルショップにそのまま持っていくことで、ちょっとしたお小遣いになったようです。とはいえ、着ない洋服を買った代金の方がもちろん大きいですよね。持ちすぎて、自分が何を持っているのか、どんな洋服を買ったのか覚えていないから、また似たような服を買って溜《た》め込んでいたのです。

本当に単純な原理です。**洋服を買ったら、買った分手放さなければ、しまう場所がなくなり溢れる**。ただそれだけのこと。

買う前に手放すことを意識づける。手放せないのであれば、買わない。意志を強く持たないと増えるのみの人生になりますよ。

一目瞭然の数を持って初めておしゃれにできる

外出の際のコーディネートの時、あなたはどのように洋服を選んでいますか？

よく、ドラマや漫画などで洋服をベッドの上に広げてとっかえひっかえしているシーンがありますが、実際にはそんなやり方よりも、ざっとクローゼットやタンスの中を見て、頭の中で「あれを持っていたから、黒のスカートに合わせて……」という感じで、ある程度コーディネートをしていると思います。

その頭の中には、ぱっと見てわかる範囲、つまり自分が把握している服を思い浮かべると思うのですが、忘れ去られた衣服は、頭の片隅にも出てこないと思います。

この忘れ去られた衣服というのは、引き出しや衣装ケースの奥にしまいこまれていたり、どこかに脱ぎ捨てられて他の洋服の下になっていたり、と視界に入らない衣服をいいます。

視界に入らない衣服は、忘れているのですからないに等しく、コーディネート時にカウントされるわけもないのです。逆を言うと、イマイチな洋服だからこそ視界に入らない場所に置かれているということもありますね。

また、脱ぎ捨てて何かの下になっていてシワだらけで発見されても、着たい時に着ることができないため、再度放置してしまう。次回着ようと思った時も同じことの繰り返しという方もいます。

数がありすぎる、しまいきれないからこのような状態になってしまうのですね。

忘れていた洋服は、今後着回す可能性は低いです。思い切って手放しましょう。なぜなら、いはずのモノだったのですから。

単にクローゼットは詰まっていても、洋服をいっぱい持っていても、なんかイマイチとなるだけです。

頭の中に入る数、クローゼットを開けた時に全てが把握できる数、それだけで十分なのです。しまいこんで奥に入っている洋服はカウントできません。

服の散らかし方　４タイプ

服を散らかしてしまう人には、大きく分けて４つのタイプがあります。

◇とにかく買うというタイプ

自分がどれだけ服を持っているか、部屋が散らかっているかは関係なしに、欲しいと思った洋服は感情のおもむくままに購入してしまう。ウィンドウショッピングして一目惚れして買う、通販カタログを見ることが日課で注文票に書いてしまう、ネットサイトで発注してしまうのです。

こういった方はカードなどでの買い物が多いため衣服費を把握していません。まず、家計簿をちゃんとつけて衣服費がどれくらいになっているか知ることによって買いすぎを控えられます。

◇大昔の洋服さえも捨てられないというタイプ

若い頃からの服や着ないとわかっているのになぜか手放せない。「もったいない」「高かったから」「いつか着るかも」等々、残しておく理由を考えてしまうのです。

手放せないならそれはそれで、着ないけど残したい服を着る服と一緒にしないこと。クローゼットやタンスにしまっておくから着ない服も大事な服も乱雑になるのです。着ないけど手放せないなら箱に一度しまってまとめて置いておきましょう。

◇しまう、たたむのが面倒というタイプ

そんなに数多くは持っていないが、脱いだ衣服や洗濯した服をたたんでしまうのが面倒で放置して、散らかるというタイプは、どうせ散らかって部屋が狭くなるのであれば、掛けるタイプのワードローブを購入して、何でも掛ける収納にしてしまいます。そちらの方がよっぽどスッキリするでしょう。

◇複合タイプ

上記の2つないし、3つが当てはまるタイプは、片づいた部屋にすることは容易ではありません。まずは、1つずつでよいので、片づく習慣をつけていきます。

例えば、帰宅したら上着をちゃんと掛けるということを守るようにします。それが、ちゃんとできるようになったら、洗濯した衣類の中から、1つずつしまうことを実践していきます。最初は靴下とか下着だけでいいです。それが、ちゃんと習慣付いたら次にインナーとかTシャツとか1アイテムずつをじっくりと。

慣れてくると当たり前になるのが習慣です。小学校に上がって学校に通う、就職して会社に通う、これも習慣です。朝、顔を洗う、これも習慣です。習慣になってしまえば苦痛になりません。習慣になるまでが、面倒なので、少しずつ1日数分でできることから始めてみましょう。

◇◆複合タイプの汚部屋スパイラル

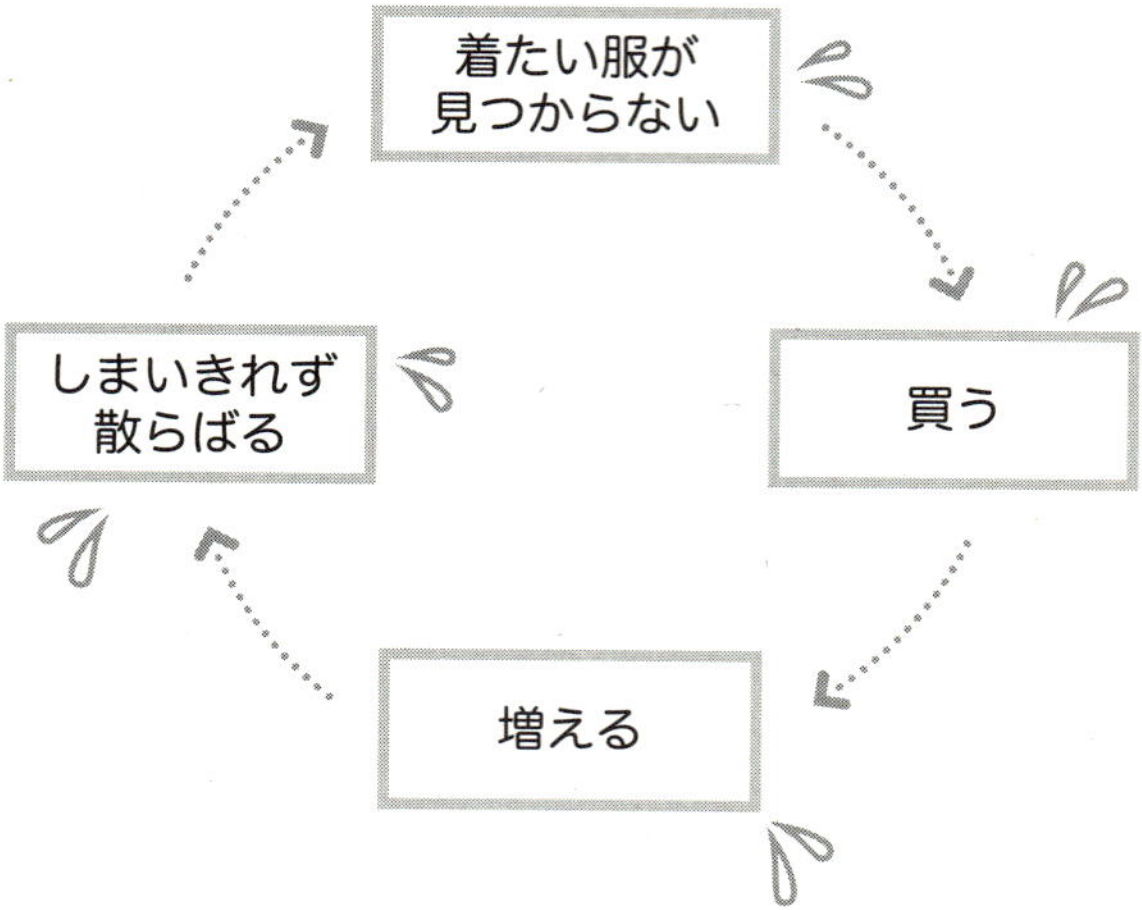

☑捨てられないモノはなんですか？　チェック

- □高かった洋服
- □ブランド物の洋服
- □痩せたら着ると思っている洋服
- □何かに合わせられると考えている洋服
- □数回しか着ていないから、まだ手放すのは早いと思っている洋服
- □いざという時のよそ行きの洋服
- □もう着ることはないけれど思い出深い洋服
- □そのうち着ると思われる洋服
- □あまり気に入っていないが、新品だからもったいない洋服
- □一度も袖を通していない洋服
- □人からいただいた洋服

□いつか着ると思っている洋服
□また流行が回ってくると信じている洋服
□同じようなデザインだけど、どれも好きな洋服
□忘れていたけど発見したことで着ると思ってとっておいた洋服
□サイズの合わない下着
□人前では着られない洋服
□部屋着にしようと思っている洋服
□学生時代の制服やジャージ

あなたが捨てられない洋服は、どんなモノですか？

第2章

なぜ、「部屋が服で溢れてしまう」のでしょうか？

クローゼット、タンスに必要のないものを見極める

自宅のクローゼット、タンス、衣装ケース……全ての中にどれだけ、どんな洋服が入っているか把握していますか？

洋服が溢れて散らかっている住まいは、洋服が1か所にまとまっていないことが大きな原因です。家のあちこちに衣服があるので、総数を把握できず、何を持っているのか忘れている。だから、同じような服をまた買ってしまうなど、キリがないのです。

まずは、自分がいかにムダ買いをしてきたかを知るために、持っている衣服を全てまとめてみましょう。まとめることで、どれくらい持っているのか改めて認識をすることができます。

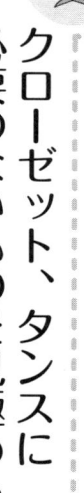

家の中にある自分の衣服を始め、家族の衣服も整理するのであれば、個人別に全部1か所にまとめて仕分けていきます。1人分ずつですよ。

そこから、季節ごと（春・夏と秋・冬）に分けて、さらにアイテム（ジャケット、カーディガン、スカート等々）に分ける。そこで、初めてチェックをしていきます。

まず、**今年または昨年着たのかどうか。一昨年以降着ていないということであれば、手放す対象**になります。また、今年着たとしても来年も着るかどうかも考えます。**来年はもう着ないな、という衣服も手放す対象**です。

これで、直近で着ている洋服だけになったと思います。そして、仕分けてからさらにアイテムを色や柄別に並べてみます。ダブっていないか、着回しができにくいものはないかなどを検討します。

このほか、アイテムごとの判断基準も書きましたので、悩んでいる方は参考に読んでください。

下着

下着って皆さんどれくらいの頻度で交換（買い替え）をしていますか？

女性の場合は、半年に一度くらいはサイズの見直しをした方がいいと下着メーカーの店員さんは言います。そして、合わなくなった下着はとっておかないことです。とっておいても仕方がないですからね。

靴下、タイツ、パンティストッキング

タイツや靴下といった類は小さいですし、あちらこちらに点在しても気にならない方が多いです。そうなると総数を把握できず、つい新しいのを追加しがちになります。そうして、また数が増えるのです。

パッケージに入ったままのパンスト、一度も着用していないタイツ、全く履いていない靴下がたくさん出てきたり、柄物や網タイツ、カラータイツも出てきたりして、お客様自身がビックリします。ビックリしたものは不要ということで、あとは、穴があいている、毛玉が多々できている、薄くなっているなど消耗が目立つモノも手放します。

上着、セーター、カーディガン

着回し・コーディネートしやすいタイプまたは、よく着るものを残します。上着やカーディガン等は、数はあまりなくてもセットアップ次第で応用がききます。デザインは好きだけどほとんど着ないというのは、着回しにくいということになります。上に羽織るものは単品では着られないため、あきらめて手放しましょう。

ブラウス、シャツ、カットソー、Tシャツ

インナー類はセットアップしやすいシンプルなデザイン、カラーバリエーションをラインナップ。似たデザイン、カラーは複数持たず、気に入っている方を残します。

パンツ、スカート

ボトム類は、上着やインナーとの組み合わせで多様にコーディネートできますから、数はそんなになくても大丈夫です。まずは、定番のデザイン、カラー、それから流行を意識したタイプを各数枚持っていれば、その年は着回し十分ではないでしょうか？

スカーフ、マフラー

小物は、コートやジャケットに合う色、柄を選択します。無地で使い回しできるタイプを数種類と個性的な柄物を少し――でしょうか。ただし、ほとんど使っていないモノは、気に入っていても着回しが難しくて出番がないため、手放す対象にします。

多くを持たなければ、シーズン毎に「また買っちゃった」という罪悪感を持たずに、新しい服を買う楽しみができます。

残す洋服を決めるポイント

実際に数を減らすといっても、どれも手放せない、迷ってしまう、という方も多いのではないでしょうか?

いつまでも手放せないと、変わらないどころか増える一方。そして、数を決めるというのも本来の目的から離れているため、自分なりのルールを設けてみましょう。

基本は、今ある収納スペース(クローゼット、タンス、チェストなど)にしまえる数だけを持つこと。収まる数にするために残す洋服のポイントを説明します。

前項でも書きましたが、まずは自分の洋服を全部出し、季節とカテゴリーに分けて並べましょう。春夏と秋冬に分けた上で、コート、ジャケット、カーディガン、スカート……などと分けて、今年、昨年に一度も着なかった洋服は、手放します。また、

「こんな洋服持っていたんだ」と、この時に再発見した洋服も手放す対象です。だって、着ていない、忘れていた、そんな状態で、「また着る」と思っていてもまず着ないですから。気に入らない、着心地が悪いなど何か無意識に疎遠になっている理由があるからこそ、着ていないはずです。

ここまでが基本の分け方。そして、ここからが仕分けどころです。

仕分けのコツで大事なことは、その洋服は、「あなたを素敵にしてくれるか、してくれないか」です。

恋人募集中や婚活中でしたら、相手に見初めてもらえるか、目に留めてもらえるか、といったところ。容姿ではなく、ファッション一つで魅力は変わります。

ビジネスであれば、あなたの仕事の能力評価をさらに上げてくれるファッションかそうでないか、となります。

アメリカの研究報告で、魅力（好感度）の度合いが上がる度に年収が高くなるという結果がありました。第1章の営業マンの話ではないですが、外見の役割というのはとても大きいモノだとわかりますね。

自分が「好き」よりも「似合うか、似合わないか」、「魅力的に見えるか、見えないか」。そこが、仕分けの最大ポイントになります。

太って見える、野暮ったく見える、ケバケバしく見える、といった類の洋服は、たとえ好きだとしても、あなたの評価を下げるので、思い切って手放します。

また、自分の採点は甘くなりがちですし、今までの服装なので特におかしいとかイマイチとか感じないかもしれません。

第三者目線が必要なので、きちんと意見やアドバイスをしてくれる人を見つけましょう。女性の場合は辛口意見をちゃんと言ってくれる女性に日頃聞いておくといいですね。姉妹や友人などがいいと思います。お世辞ばかりの方、男性は辛口になれないのでダメです。

帰宅後の生活動線がカギ

外から戻って、着ていた洋服をついついその辺に置いてしまう、コートやジャケットなどの上着を脱ぎ散らかしてしまう。家のあちこちに衣服がとっちらかっているという場合は、外出から戻ったあとの動きに大きく分けて2つの原因があります。

1つは、着ていたコートやジャケットを掛ける場所が玄関またはホールにないこと。であれば、**掛ける場所を設けるか一時置き場を作る**ことです。

2つ目は、帰宅後リビングに行く流れができてしまっていること。片づけが自然とできる良い習慣を付けるためには、**帰宅後、まっすぐにクローゼットのある部屋へ直行する**ことです。帰宅して玄関からすぐリビングに向かうから、途中に脱いだ洋服があるのです。

ただし、外出着はすぐに中にしまってはいけません。外のほこりや着た人の体温の湿気などをとってからしまいます。そのために、一時的に掛けておく場所が必要となるのです。

後でちゃんとしまう、掛けると思ってはいるのですが、結局そのままになっているのではないでしょうか？　そのままにして困ることが起きると、人はそのままにしませんが、特に困らない、誰かがやってくれる、そんな感じでいると毎日放ってしまうものです。

我が家の場合は、仮にその辺りに放っておけば、そこに猫がやってきて、服の上で寝てしまいます。すると毛だらけになる――という困ったことが起きるので、絶対に放置はできません。

洋服をその辺に置いてしまうのと同じように、「子どもが帰宅してランドセルをその辺に置いてしまうのですが、よい収納方法はありませんか」という質問もよくあります。これは、収納方法という問題ではなく、しつけという問題であると思います。

しつけをきちんとできなくて、収納方法に問題を移行させているだけです。帰宅したら、自分の部屋または決まった場所にランドセルを置くということを習慣付けさせるだけのこと。これで解決です。

ランドセルをしまえる子どもは、玄関からまず自分の部屋など、ランドセルを置く場所に向かいます。それからリビングに来るため、その辺にランドセルを置きっぱなしにすることはないのです。

同じく、洋服をリビングなどに置きっぱなしにしてしまう時は、自分の中で、または家族間のルールとして、上着を掛けに部屋に直行するように決めることです。

私は、必ず部屋着に着替える習慣があるので、まずは寝室に向かい、鞄を定位置に置いて、部屋着に着替えます。そうすると、上着や他の衣服もクローゼット以外に出しっぱなしになることは絶対にありません。

帰ってきたらすぐにリビングで休みたい、と思う方もいらっしゃるでしょう。でも、そこを止めて、いったん着替えるという習慣をつけましょう。習慣になってしまえば、苦になりません。今まさに、帰宅してリビングに直行して、洋服をその辺りに置くというのも習慣です。その習慣を変える移行期がちょっと面倒ですが、人間は習慣付けに約2週間かかると言われていますので、意志を持って2週間前後頑張ってみてください。

同じような服ばかり買っていませんか？

洋服をたくさん持っている人の多くは、同じ色、似たようなデザイン、素材のものを重複して持っています。中には、全く同じ洋服を2着持っていたり、買った状態のまま忘れていたり、大事にしまいこんでいた方も少なくありません。

あるお宅では、ご夫婦で洋服を大量に持っていて、さらに出してみると見事に同じような衣服ばかりが入っていました。ご主人は、黒のポロシャツとベージュのチノパンばかりがずらりと。奥様は、グレーのカットソーとカーディガン系に綿素材のスカート。

その数は、驚くほどで、ファストファッションの店舗ですか？　というほど。

洋服の数は多く、買い物も好きなだけしているようでしたが、住まいの壁紙の一部が湿気で膨れて張り替えをしないといけない、畳が日焼けして交換しないといけないなど、住宅の一部を修繕しないといけない状況でした。

しかし、そのようなまとまったお金はないのに、洋服は毎月カードで買っていたのです。まさに数千円の衣服を都度買いこみ、暮らしに必要なまとまったお金が出せないという浪費の典型だったのです。

洋服1着は、ファストファッションのブランドなどがある現代、安く購入できますが、例えば1着3千円として、年間20着買っていたらそれで6万円です。夫婦2人なら12万円になります。壁紙1部屋分張り替えることができますね。

自分好みの服を見つけたら迷わず買ってしまうことが、同じような服を抱え込む要因です。そして、どれだけ持っているか把握していないことが一番の原因。**欲しいと**

思う洋服があっても、一度帰宅して、クローゼットをチェックして一晩考えてみましょう。同じような洋服がたくさんあるとわかれば、ある程度歯止めがききます。

また中には、素材や仕様が若干違うからと言う方もいます。個性的なデザインが好みであれば同じような衣服はそんなに出てこないですが、定番っぽいデザインでしたら、今後も多々販売されていきます。

自分の中で、このアイテムは何着または何種類まで似た洋服を持ってもいいと制限を決めましょう。

似た洋服をいっぱい持っていても周りからはいつも同じ洋服――と思われているかもしれませんよ。似た服は、せいぜい3着くらいまでに絞ってはいかがでしょうか？

価格買いしていませんか?

洋服をつい買って、部屋を散らかしてしまう人の理由のベスト3に、「バーゲンだったから」「安かったから」という価格で買うという意見もあります。

洋服をお得感で買っていると着ない衣類がただただ増えるのみです。というのも、「50%オフ」という文字を見ると、その洋服が欲しいというよりも、**「半額だからお得!」という心理が先行してしまいます。**

通常よりも半額で手に入る。定価だったら買わないけど、50%オフだから買いたい。この半額セールの中に着られる服はないだろうか? と。**「定価だったら買わない」**。ここにあなたの本音が隠されています。欲しいと思う服ではなく、値段につられて洋服が欲しくなっただけなのです。

また、3着買うと10%オフになりますよ、とレジで言われて、もう1着買おうと再度店内を見て回ったことはありませんか？　でも、よく考えてみてください。例えば、2,500円の洋服を2着買おうとしていた。そこで、そう言われて3着にしたとしたら、2,500円×3＝7,500円の10%オフなので、6,750円になります。当初は欲しい服は2着だったので、5,000円ですんだはずなのに……。

そして、3着目は、**10%オフにするために**購入した洋服だから、その後出番はなく、大概タンスの肥やしになってしまうのです。**「お得」に気をとられて、洋服を買う当初の目的から外れてしまっている**からなのです。

とにかく、「安い！」「得をしたい！」という感情のみで購入してしまっています。不思議なことで、例えばマネキンに着せてある洋服であれば、デザインが気に入らない限り目にも留めないのに、「バーゲンセール」「2千円」というポップは目に留まり、ワゴンの中から何とか選び出そうとする。本当に着る服がなくて困っているわけでもないのに……。

この段階で、「あなたを素敵に見せる似合う洋服」から遠ざかっていきます。そして、着ない洋服をまたクローゼットに溜《た》め込んでしまうのです。

このほか、通販での買い物も要注意です。直接お金を支払わないので気が大きくなりがちです。

例えば、5千円以上買うと送料無料という表示を見て、「あと980円分買えば送料が無料になる」と思う。これも、「3着買うと10％オフ」と同じ心理ですね。例えば送料が500円なら、500円払えばいいのに980円分のたぶん着ないだろう服を探して注文してしまうわけです。

「何点まとめて買うとお得」という表記も同じです。欲しい服、買いたい服だけに注力してください。「何点」という**数を買うこと**に気をとられているのですよ。

だから、値段で洋服を選ぶのではなく、純粋に「着たい！」と思う衣服だけを購入しましょう。値段で、お得さで選んだイマイチな衣服3着をクローゼットに溜め込むよりも、多少高くついても気に入った洋服1着の方がお買い得です。

着道楽はお金が貯まりにくい

私の祖母が言っていた言葉で、このような格言があるのかはわかりませんが、着るモノが趣味の人はお金が貯まらないと教えてくれました。

どういうことかというと、衣服を溜め込むことに際限がない、つまり、これで満足ということがない。新しいデザインの洋服、誰かが着ていた素敵な洋服、自分が持っていない全ての洋服が目に入り、次から次へと買ってしまうからだそうです。それから、いつも違う恰好をしていたいという気持ちも他の方より強いです。

「着る」に「道楽」とつくくらいですから、洋服を買うこと、着ることが趣味である。趣味であるということは、一種の収集癖があるので新しいモノが欲しくなるのです。

確かに私が片づけに伺ったあるお宅の洋服の数は、他の家の平均的な数の3倍は軽くあったと思います。洋服の通販誌、ファッション誌も積み重なっていました。見るモノ全てが欲しくなる方だったのでしょう。家中の至るところに洋服が積み重なり、クローゼットはたぶん、ここ数年開けたことがないように見受けられました。

それでも、常に雑誌を見ては、申し込んでいたのです。結局、家中衣服で溢れたことで、その衣服を私に片づけてほしいのかと思ったら、倉庫を借りるから上手に収納してほしいということだったのです。

たぶん、倉庫にしまったらまず着る機会はないに等しい。そのために倉庫代を毎月払う。そして、服は買い続ける……。まさに、お金は出ていく一方だと思います。

少し手放さないのですか？　と聞いたところ「そのうち着るから」と言います。現状でもしまいこんだ服を着ていないのに、自宅から離れた倉庫に入れてしまったら本当にもう二度と着ることはないと思います。

着ない洋服のための毎月の倉庫代、着ない洋服を購入した代金。せっかくならそのお金は、ほかに有意義な使い方ができるといいですね。

自分で買っていい基準を決めていない

値段につられて、そんなに欲しくもない洋服を買ったり、イベントがあるからと買ったり、通りすがりのウィンドウショッピングで衝動買いをしたり、と、その時その場の気分で買っている方が多いのではないでしょうか。

また、「ついつい買っちゃうんだよね～」という言葉。確かにわかります。お金があれば、自分を甘やかして買っちゃいますよね。だけど、買った後に、なんかイマイチってことで、「タンスの肥やし」にしてしまうことも。こういった言葉が昔からあるように、衣服も全てまんべんなく着るということが難しいのです。

どうして洋服というものは、こうも購買欲を刺激するのでしょうか？

いくつになっても新しい洋服を買うのは楽しいことですが、つい買いすぎてしまうのは、洋服を着た自分を俯瞰して見ていないから。洋服にしか目がいっていないからです。

店頭で見て、鏡の前で合わせる、または試着する。その時の自分の目線はどこにいっているかわかります？

たいてい全体を見てないですよ。首から下です。つまり、サイズさえ合えば買うことに決定なんです。

衝動買いをしてしまう前に自分に似合う色、柄、素材……等をわかっておくこと。今は、イメージコンサルタントやカラーコンサルタントといった職業の方がいらっしゃいます。ある程度お金を払っても自分に似合うモノを教えてもらうことは、今後の衣服の無駄買いを考えたら、とてもお得だと思います。

ただし、このコンサルタントですが、センスの良い方を選んでほしいと思います。

インテリアコーディネーターという職業があります。この試験はとても難しいのですが、座学です。いくら資格があってもインテリアセンスがない方には、残念ですが素敵なインテリアにしてもらうことができません。資格がなくても、センスの良い方に依頼するとオシャレな住まいが出来上がります。

それと同じように、やはりファッションにもセンスの問題があります。いくら学んでカラーやイメージの資格を取得したとしても、最新ファッションの知識があったとしてもイマイチなアドバイスや流行ばかり取り入れさせ、一見オシャレと見えますが、実は似合っていなかった……で終わる可能性がなきにしも非ずです。

では、どうやって見極めたら？　というところですが、インテリアならその方の実績＝施工事例の写真などを見て、このセンスの良さにお願いしたい！　となります。それと一緒で、カラーコンサルタントやイメージコンサルタントの方に、実際どんな方にアドバイスをしましたか？　と聞き、その人物の写真を見せていただくのが一番手っ取り早く、失敗が少ないです。

やはり、第一印象になりますが、あなたがそのアドバイスをした方の写真を見て、直感で「素敵」「こんな風にしてもらいたい」と思えば、お願いすればいいと思います。

お店の前を通るだけで購買欲が刺激されてしまうので、本当は通らない方がいいのですが、もしふらふらと入ってしまっても大丈夫なように、自分の中で**買ってよい基準**を決めておくことをオススメします。例えば、コーディネートしやすいシンプルなブラウスやカットソーなどは1枚なら買ってもいいとか、着回しできるジャケットは1万円以下なら買い時など、です。

基準を持つことで、少し冷静になれるので衝動買いは減るはず。**衝動買いのほとんどが「タンスの肥やし」**になっています。

あなたの家には、この「タンスの肥やし」がいったいどれだけ眠っていますか？

早速、肥やしは手放して、あなたの似合う服と入れ替えましょう！

慎重に洋服を購入するために

カラー診断などの結果、似合うとされたものが人によっては自分が全く着ない、好きではないファッションかもしれません。

私がまさにそうでした。私は学生時代から、モスグリーン、ブラウン、マスタード、レンガ色といった秋色が好きでしたが、一番似合わない色と指摘されました。

クローゼットの中はほぼ秋色仕様の洋服ばかりで、まさに着るモノがない状態。

そして、似合うと言われたのは、ブルーベースで彩度の高いはっきりしたカラー「ウィンター(冬)色」。一番避けていた原色(赤・青・黄)と黒と純白(真っ白でないといけないそうです)が似合う色だったのです。

これはパーソナルカラーといって、その人の肌、瞳、フェイスライン、表情などから似合う色を四季で分けるのです。

春はイエローベースの鮮やかなブライトカラー。夏はブルーベースの薄いパステルカラー。秋はイエローベースの彩度の低いカラーです。詳しくは、調べてみてくださいね。似合う色がわかり、さらにイメージや布地、デザインもアドバイスされますので、それらを参考にして買い物に出かけましょう。

さらに、衣替え時にこれからの季節に着る服をチェックし、何が不足しているかを見ます。コーディネートする上で、トップスが足りないのか、スカートが足りないのか。さらに何色があれば着回しできるのか、等々です。そういったことを考えて買い物をします。これで、ムダ買いがなく、タンスの肥やしにもなりません。

そうは言ってもコーディネートって難しいと思われる方は、買い物をする時に店員さんに「今度買い足すとしたら、これに何が合いますか?」と聞いておきましょう。

また、ファッション誌を見て、コーディネートの基本となる組み合わせを切り抜いてクローゼットに貼っておいたり、スマホで撮影しておく、などをしてみるといいです。

私の娘は、ファッション誌などで気に入ったコーディネートがあれば、そのページを撮影して、買い物の時に見ながら選んでいます。ちなみに、娘もやはり「好き」と「似合う」は違っていて、大人っぽいファッションが好きですが、童顔の娘には、今のところ全く似合わないので、ファッション誌のコーディネートも私に「これは合うと思う?」と確認してから撮影しています。

そういった買い物をしているせいか、娘のクローゼットは実にシンプルです。無駄買いが、まずありません。さらに、まだ自分で稼いでいないで、季節ごとの買い物は私から予算を言い渡されます。その予算内で買うわけですから、より計画的に買い物をするということです。

無駄買いがないということは、クローゼット、タンスはいつも着回しできる洋服だけ収まって非常にシンプルです。

家族が、脱いだ服をあちこちに置いてしまう

よく、家族が協力してくれないと相談がありますが、しまう場所をちゃんと用意してあるのか、または、要望をちゃんと伝えているのかと疑問に思うことがあります。家族だからこそお願いしたら聞いてもらえるのではないでしょうか?

お子さんやご主人がスポーツから帰ってきたら道具を置く、ユニフォームを脱いだままリビングの床に放ってある。そんな話もよく聞きます。

「どうしたら片づきますか?」と。片づきますか、ではなく、どうやったら家族が自ら片づけてくれるかですよね。

まず、家族が散らかしたモノを片づけたくない、できれば各自でやってもらいたい

と思うのなら、やってもらうまで言い続けるしかないですよね。ただ、できるだけ片づけが簡単にできるような動線にすることですが。

言い続けても無理、それができれば困っていない——と思うことでしょう。でも、人間はコミュニケーションの生き物です。ある程度は、家庭内のルールが必要ですね。

衣服をその辺りに置いた瞬間に言う、置いてあったらどこかにまとめて山にしておく。思い切って食卓テーブルの上に載せてしまって、食事が食べられないようにしてみる(笑)など。絶対に片づけないで、自分から動くように長期戦にするという手もあります。

でも、その家族の性格によりますので、通用する手と全く効かない方法もあるため、家族の性格を考慮した方法で、少し荒療治してみるのもいいかもしれません。

ただし、喧嘩にならないように、相手がムッとして何か言ってきても、「だって、片づけてくれないんだもん～」って、暖簾に腕押し的な感じで……。

家族、身内ともめないで上手くやるというのはとっても難しいです。どうしてもお互い感情的になるから。

でも、自分1人がガマンするのは嫌ですよね。家族の誰かがガマンするのではなく、皆が同じレベルで均一に妥協するように暮らしていく。家事は、その家に住む皆でやるものです。

第3章

満足な「収納スペース」がありますか？

しまいにくい、出しにくい、探しにくいが諸悪の根源

洋服は好きだけどしまうのが苦手、洗濯は好きだけどたたむのが苦手、アイロンがけが苦手、という方、少なくありません。苦手を得意に変えるのは難しいこと。そして、毎日のことだからなおさらですね。

洋服をきちんとしまえない原因の一つが、しまいにくいから。

例えば、引き出しの前に何かモノが置いてあったら、引き出しを開けるためにモノをよけなくてはならないので、「後でしまおう」と近くの洋服が置ける場所にポンと置いて、いつしかそこが衣服を置く場所に……。

また、洋服をたたんで、重ねてしまっておくと、一番上の洋服はすぐに取れますが、

下の方にある洋服は見えないから探しにくいし、取り出す時に上の洋服が乱れてしまうため、出すことをためらってしまいます。

こんなことの繰り返しで、気付けば出し入れしやすい場所にある洋服ばかりを着ていませんか？

このほか、洋服は各人ごとに1か所にまとまっていますか？

上着はこの部屋、ニット類はあちらの部屋というように、置き場所が点在していませんか？　それも探しにくいし、しまいにくい要因になります。しまいにくいと、「とりあえず」で一山にして置きっぱなしにしてしまいます。

どんどん衣服が増えてしまって、当初の場所から徐々に他の部屋にまで侵略していっているパターンも多いです。

このパターンは、まず減らしてから収納を考えます。

クローゼットを上手に使いこなすコツ

実は、私にご依頼されるお客様の中には、新築完成後すぐの方もいらっしゃいます。例えば、大きなウォークインクローゼットをどう使ったらいいかわからない。今までのタンスをどう配置したらいいのか？　衣装ケースは？　といった具合にです。

訪問してみると、クローゼットや衣装ケースは空いていて、洋服が段ボールや紙袋に入っている状態です。クローゼットという空間を上手く活用できていないのですね。活用するためには、棚板を設けたり、チェストを入れたりと高さを上手く使って収納を増やしてみることです。

まず、ハンガーを揃えてほしいのです。**クローゼットの中でハンガーが揃っていると見た目にも美しいですし、等間隔で並びます。**

それから、**アイテムごとに掛けます。**

ジャケット、コート、ワンピース、シャツ類、ニット類、パンツ、スカートといった感じにです。洋服屋さんを思い浮かべてください。初めて訪れたお店でもスカートやセーターといった種類が一目瞭然ですよね。あのイメージです。

そして、そこから**季節別、色別にしていきます。**

実はクローゼットは、**2か所あると便利**なんです。

いつも着替える場所、例えば寝室などにあるクローゼットには、オンシーズンの洋服、他の箇所のクローゼットにオフシーズンの洋服を入れておく。そうすると、1つのクローゼット内に入り乱れないのでスムーズに探せるし、コーディネートができます。


住宅にある収納スペースは概ねサイズがどこも同じです。特に収納プランを凝らした住まいでない限り、設計しやすいように幅900㎜の倍数が多いです。奥行きは、600㎜が一般的ではないでしょうか。住まいによっては、ちょうど空いたからとハンガーを掛けると閉めにくい奥行450㎜で造られている住宅もたまにあります。

このほか、クローゼットなのに奥行900㎜という使いにくいサイズもあります。新築やリフォームを考えるときは、間取りが決定する前に相談してほしいものです。収納スペース1つで片づけがスムーズにできますので（ちなみに私は、住宅メーカーなどの企業や個人宅では北海道外から間取り相談の依頼もあり、モノに対しての収納プラン、新築の間取りについてなどのお手伝いをしています）。

よく、新築やリフォームで片づけが解決すると思われている方がいっぱいいらっしゃいますが、私がこの仕事をすることになったきっかけがまさにそこなんです。住宅系雑誌の編集長をしていて、完成後のお宅を取材に行く。収納に困っていて収納スペースをいっぱい造ってもらいました、という割には散らかっている。そこから、「なぜ？」が始まり、現在に至っているのです。

収納スペースがいっぱいあれば、大きな収納があれば片づくという考え方は、大きく間違っていることが現場を数百軒見てきた私だからこそ、明確に言えるのです。

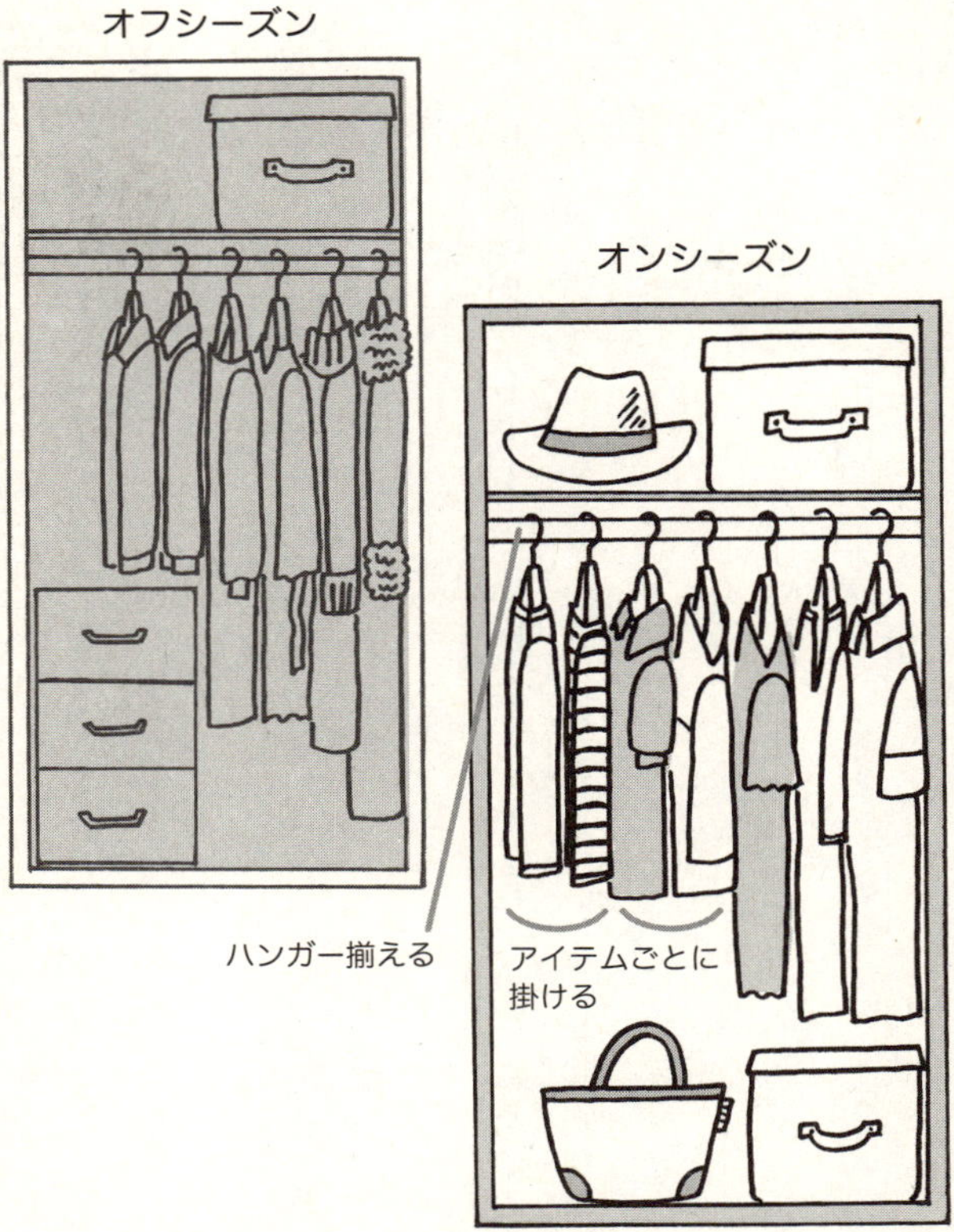

クローゼットは、2カ所にあると便利。
オンシーズンの服はふだん着替える場所に。
オフシーズンの服は別のクローゼットに。

収納家具、収納用品の選び方

収納家具には、タンスやチェストといった引き出しタイプとクローゼットタイプのようなハンガーで掛けるスタイルがあります。

引き出しタイプのメリットは、洋服をたたんでしまえるので数多く入ること。デメリットとしては、多く入れすぎるとシワになりやすい、出し入れしにくい、探しにくいなどがあります。

ハンガータイプは、シワになりにくい、探しやすいというメリットがありますが、数多く掛けられない、収納自体が場所をとるといったデメリットがあります。

引き出しタイプとハンガータイプを併用して活用することが望ましいと思います。

掛けるハンガータイプには、シワになっては困るジャケットやスカート、ワンピースなどの衣服を優先してしまいます。

引き出しタイプは、丸められる、たたんでもシワになりにくいTシャツ、セーター、カットソー、ジーンズなどを中心にしまいます。

引き出しタイプの場合、チェスト、タンス、または家具ではなく衣装ケースであったり、カラーボックスであったりとタイプがいろいろあります。

カラーボックスを使用する場合は、工夫が必要になります。単純にそのまま使ってしまうと洋服を重ねて収納することになるからです。そうなると、下の洋服を引っ張り出す時に重ねていた服が崩れて、乱れたままになる要因になるからです。

カラーボックス専用の引き出しを買うと、1段に対して引き出しが2つ入りますのでたたんで収納すると重なることはありません。引き出しタイプの収納ケースではなく、1段そのままの大きさの箱型ケースを購入した場合は、深さがありますので、セーターなどかさばる衣服の収納によいでしょう。

衣装ケースを買う時に気を付けていただきたいのが、押し入れや物入れ、クローゼットの奥行に合わせたサイズを購入してしまうこと。奥行きが短い場合は大丈夫ですが、６００㎜、７５０㎜といった奥行きの引き出しケースを購入すると、引っ張ったときに手前にその長さが出てきます。７５０㎜といったら、もう少しで1メートルです。そんな奥にある洋服って取り出しやすいですか？

まず、正面からだと手が届かないですよね。そしてたぶん、引き出しを開閉する度に中で洋服が動き、奥にある服はぐちゃぐちゃになり、奥すぎて出すこともなく、忘れてしまうのみになります。

一つひとつの収納容量は少なく、たたんだ衣服の数はあまり入らない引き出しの大きさがオススメです。ブラウスやセーターを1着たたんだサイズがそのまま入る奥行

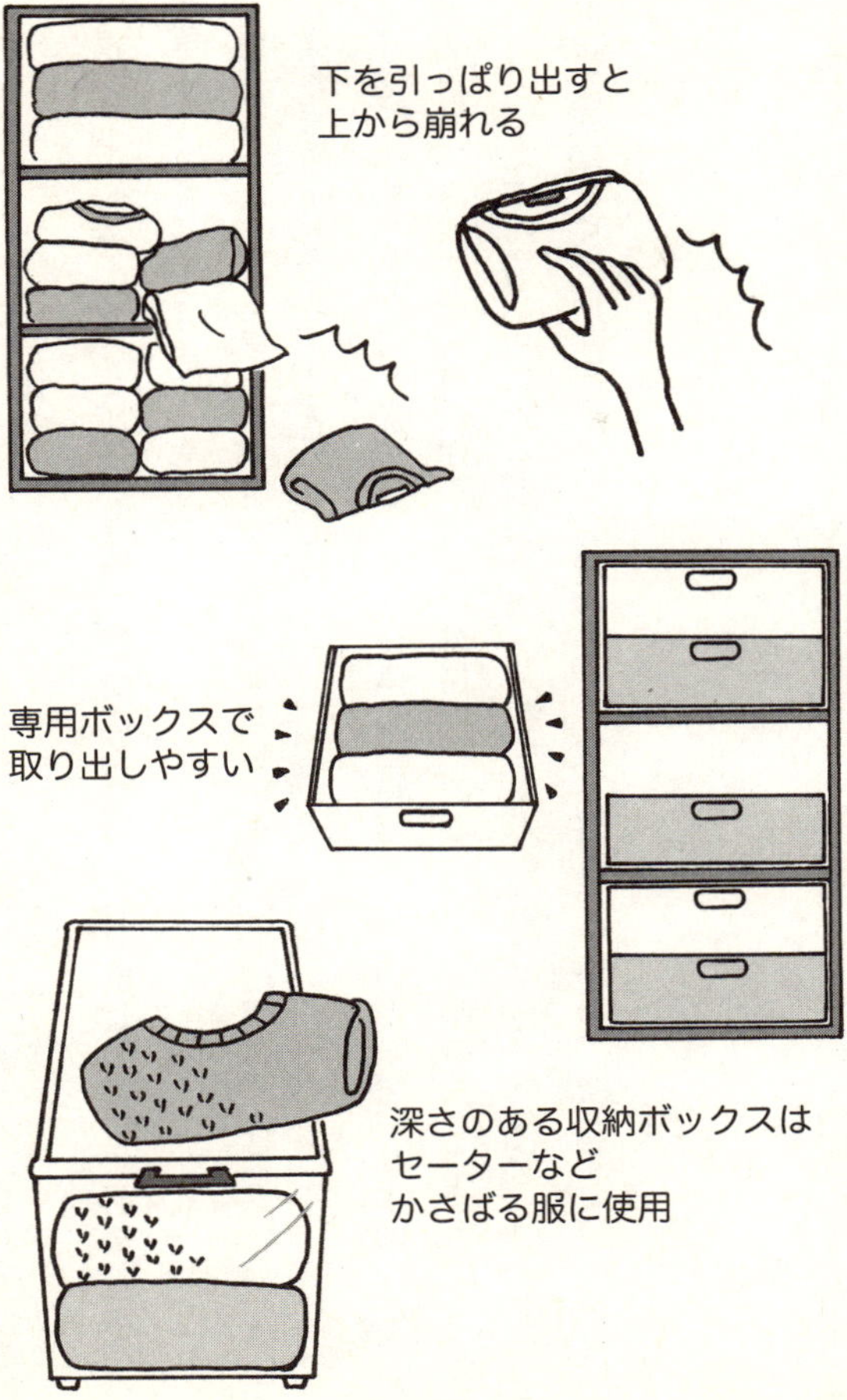
下を引っぱり出すと
上から崩れる
専用ボックスで
取り出しやすい
深さのある収納ボックスは
セーターなど
かさばる服に使用

が一番使いやすいと思います。

衣装ケースは、奥行きが長くない、底が深くない、引き出しを引いても奥が見える、簡単に手が届くサイズにします。

整理タンスやチェストを購入する時も同じく、引き出しの奥行や深さがない方が出し入れしやすいためオススメです。

引き出し式も掛ける収納同様、アイテムごとにしまっていきます。基本は、たたんでしまってもシワや折り目がつかない素材であること。丸めることができる素材は丸めたり、たたんでさらに折ると引き出しの手前から奥に並べられるので、引き出しを開けた瞬間すぐに何が入っているかわかり、取り出しやすいので便利です。

◇◆引き出し式収納

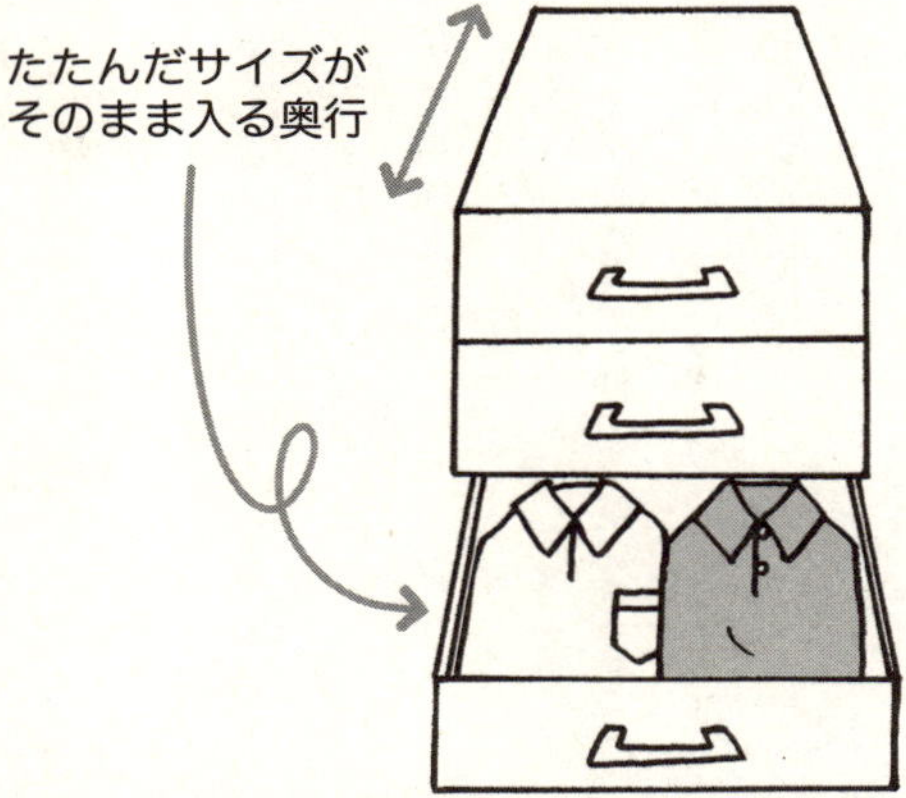

奥行も使いやすさのポイント。

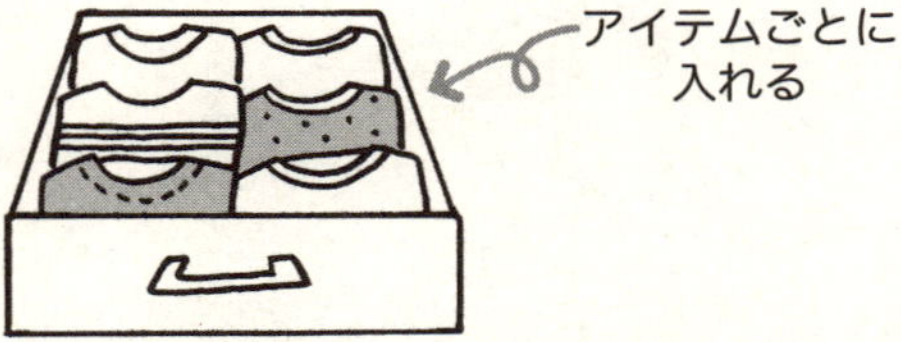

シワにならない素材は
たたんで折ると、並べられるので
入っているものが一目瞭然。

収納スペースが少ない場合

うちは賃貸だから収納スペースが少ない、洋服をしまう収納が少ない、と悩む方もいらっしゃるでしょう。だからと言ってタンスや衣装ケースを購入していくと床面積が狭くなっていきます。

収納スペースが少ない住まいで暮らしている時こそ、整理収納上手になるチャンスなんです！　たくさんあれば、たくさんしまえるのは当たり前。それに、たくさん持ってしまいますしね。

しかし、しまう場所が少ない場合、モノを精査し、工夫できるようになるのです。数を持つことができない環境であれば、前述したように「似合う」洋服を選定して持つことに注力できます。ムダなモノは持たないようになっていきます。

掛ける収納が少なければ、できるだけシワになりにくい素材を選び、丸めたり、たたむことができる衣類にする。冬のコートなど厚みのある衣類は、お預かりサービスのあるクリーニングを利用する。下着や靴下などもコンパクトに収納する。もちろん数も最低限に絞る。そういった努力は必要だと思います。

押し入れや物入れがある場合は、突っ張りポールやパイプを活用して掛ける方法もありますが、そうすると他のモノが収まりきらなくなります。また、洋服と他のモノを一緒にしまうことで、目が散って探しにくくなりますので、あまりオススメはしません。どうしても足りないのなら、ハンガーラックを購入する方がいいと思います。

しかし、少ないから収納家具を買って当たり前、収納品を増やして当たり前と思ってしまったら何も解決できません。

私が片づけコンサルに伺う、一般的な家庭よりも広いマンションで暮らす人でも多くが、衣服が溢れると「もっと大きな住居に移った方がいいのでしょうか」と聞いてきます。

大きな住まいへ引っ越す余裕があるのですから、ダメではないのですが、使わない、着ないモノのためにですか。そして、せっかくの広々とした住まいをほとんど着ない洋服に占領され、自分たちのスペースを狭くして暮らすのですか、という疑問を感じますよね。

「今ある収納」という器に収まるモノを持つというのが、正しい暮らしです。モノに合わせて器を大きくするのではありません。

間違っても**「モノのための住まい」ではない**ということです。

収納家具を手放せない

40代以上の方の寝室やクローゼットの片づけに伺うと、半数以上のご家庭に花嫁ダンスが2竿または3竿あります。お嫁入りの時にご両親が持たせてくれた大切なタンスです。

だからこそ、悩みのタネでもあるのです。現在の洋服事情には合わない。それなのに場所をとる。使いづらい、つまり、しまいにくい。結局、どうでもいいモノを収納している。そんなお宅、とっても多いです。

ご両親の想いがありますから、簡単に手放せとは言えませんが、特に使いにくい1竿を思い切って手放してみてはどうでしょうか？　どうでもいいモノをしまっているのであれば、それ丸ごと不要ということですよね。

引き出しばかりのタンスは、着ない洋服の温床になる、まさにタンスの肥やしばかりになってしまうので、こちらのタイプは思い切って手放し、中にしまってある随分と着ていない洋服も一緒に手放してはいかがでしょうか。一方、洋服を掛けるタイプのタンスは残しても使い勝手があります。

また、上と下の2つに分かれるタイプであれば、どちらか使いやすい側をクローゼットに入れて活用してもいいですね。

部屋の面積を考えたらそんな悠長なことを言っていられないという方は、ご両親の想いを理解した上で、今後もっと親孝行をすると決意して、使いやすい洋服収納に変えましょう。

仕立てのよい家具は、処分するのではなく、他に使ってくれる人の手に渡るようなところでの引き取りをお願いしましょう。

クローゼットの中は、コーディネートしやすく配置する

さて、洋服も整理した、似合う服を揃えた。じゃあ、クローゼットは、しまい方はどうする？　といったところ。

トップス、インナー、ボトムス、スカート等々組み合わせてのコーディネートがしやすい並び方が理想で、基本は1か所に固めることです。

コーディネートといっても何でも全てではなく、外出着・仕事着・スポーツ着・部屋着という目的別で大きく仕分けてのアイテム別になります。

ここでも、モノの整理と同じく、使用頻度も考えます。よく着る服、あまり出番がない服、たまにしか着ない服。「たまにしか」とは、冠婚葬祭や浴衣などの年に数回の出番しかないような衣類です。

たまにしか着ない服は、取り出しにくい場所でよいです。クローゼットの奥や他の部屋などにしまいます。

前面にしまうメインは、よく着る服です。

私のメインは、仕事着です。企業との打ち合わせ用、講師業用、取材その他用の衣服が3つのハンガータイプの収納に掛かっています。「ワンピース」「上」「下」と分けて、色、長さが一目瞭然になるようにしています。

そして、引き出しタイプのケースに片づけ宅に伺うエプロン一式、シャツ、パンツ類と、ワンピースのインナーになるキャミソールやペチコート、スーツやジャケット、コーディネートのためのブラウスやカットソー、ニット類を分けてしまっています。

仕事着ではないですが、毎日着るという頻度で、部屋着とランニングウエアは、大きな帆布のケースに、それぞれたたんだり丸めたりしてしまっています。

オフシーズンの衣服は、掛けるモノは別のクローゼットに、家族分ひとまとめでしまっています。

たためるモノ、丸められるモノは少し大きめの衣装ケースに入れています。これは、衣替え以外に出し入れで開閉しないから、大きめでも大丈夫なのです。衣替え時にオンシーズンで使用している引き出しタイプのケースの中身と入れ替えます。

しまうときの並べ方は、**コーディネートがスムーズにできる、一巡できる配置にすること**です。

下着を着替え、インナーを着て、トップスを選んで、ボトムスを履いて、ジャケットを羽織る。そして、アクセサリーをつけ、バッグと時計を選んで、靴を選んで外出する。それが私の流れです。いつも外出の支度は、数分です。非常に機能的です。

なぜなら、似合う服だけしか持っていないから。そして、一目でわかるように掛けてあり、引き出しは無印良品の半透明ケースですが、ラベルを貼ってあるから。

ワンピースであれば、1分で完了でしょうか?(笑)

悩むとしたら、その日の相手を分析してのファッションテーマでしょうか? 金融機関などお堅い企業や官公庁であれば、ジャケットかスーツは必須。取材でも内容によってはカジュアルでもいいし、ブラウスにスカートにした方がよい場合もあります。ですから、その判断の方が時間をとるかもしれません。

テーマが決まれば、後は配置された洋服を、順を追って選んで着ていくだけです。

クローゼットは洋服をしまう場所でもありますが、**身支度を最低限の時間内で効率よく行うためのシステム**でもあります。

着替えの流れを考えて、その流れに沿ってアイテムごとに配置する。狭い空間でも重要なポイントになります。

支度がすぐにできるということは、旅行・出張時の荷造りもあっという間に終わります。

クローゼットの中はできるだけシンプルな方がいい。つまり、数を制限する、たくさん持たないというところにつながります。洋服を整理するメリットというのが、ここでも役立つのです。

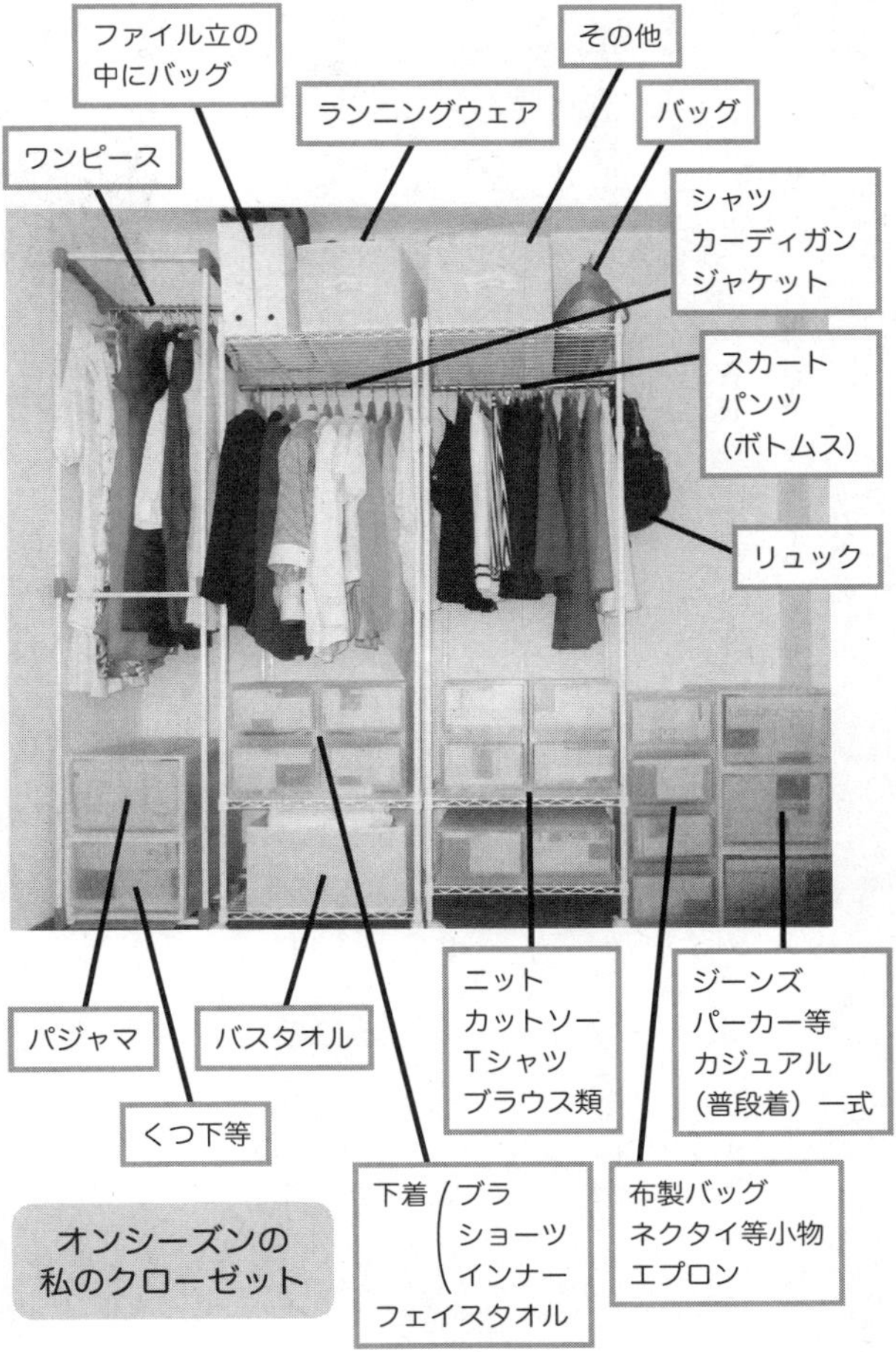
ファイル立の中にバッグ
その他
ランニングウェア
バッグ
ワンピース
シャツ
カーディガン
ジャケット
スカート
パンツ
（ボトムス）
リュック
ニット
カットソー
Tシャツ
ブラウス類
ジーンズ
パーカー等
カジュアル
（普段着）一式
パジャマ
バスタオル
くつ下等
下着（ブラ
ショーツ
インナー
フェイスタオル
布製バッグ
ネクタイ等小物
エプロン

オンシーズンの私のクローゼット

テンションの上がるアイテム別・収納のヒント

クローゼット内は一目瞭然が基本です、とお話ししました。これから、クローゼット内を改善しようと思っている方、クローゼット収納を買おうと思っている方、リフォームや新築を考えている方、細かい扉はできるだけなくしてください。一目瞭然になりませんから。

大きな扉を開けたら、洋服ショップのようにズラッと並んでいるのが理想ですね。ザッと眺めて、選んでいく。

そのためには、掛ける収納を増やす。特に面倒くさがりタイプにはオススメですね。

前述しましたが、ハンガーを揃える。

引き出しは、下着や靴下などの小さい衣類は中で細かく仕切ります。

ブラジャーは、半分に折らないで下着屋さんで売っているようにしまうことをオススメします。カップ部分を少し重ねて、ずらし置きをすると、引き出しを開けたら、色・柄が一目でわかります。

ショーツは3分の1程度の大きさにたたんで、立てて、ずらし置きをすると見やすいです。

タイツやパンストは、1か所にまとめ、着用して洗濯したものは手前、未着用は奥にしまいます。日頃履くベーシックな色は、5〜10足あればまずことたります。

靴下は、色や柄がわかるように各々まとめ、履き口をたたみこむとゴムが伸びるので揃えて丸めるか、3分の1または半分に折って、仕切ってある布ケースに入れることをオススメします。

ニットやカットソー、Tシャツなどはたたんでさらに半分に折ると、立てて並べることができ、取り出しやすいし、選びやすいです。この時に立ててしまえる深さの引き出し収納を購入するとより使いやすいです。

引き出し収納は全部同じ深さではなく、しまうモノによって深さを考えると便利です。ただし、奥行きは全サイズ揃えるとスッキリと収納ケース全体がまとまります。

ブラウス、シャツ類は掛ける収納にするか、クリーニングに出したワイシャツが仕上がるサイズがそのまま入る幅、奥行の引き出しを使って、折りたたんで収納します。

この時、重ねても最大3枚くらいになる深さがいいですね。それ以上になると、下のシャツやブラウスを引っ張りだした時に他が崩れてしまう可能性があります。

また、シャツやブラウスの数が多い場合は、書類収納のような棚やケースを活用すると、1段ごとに1枚しまえるので便利です。男性のワイシャツ収納などによいですね。

下着（パンツ）

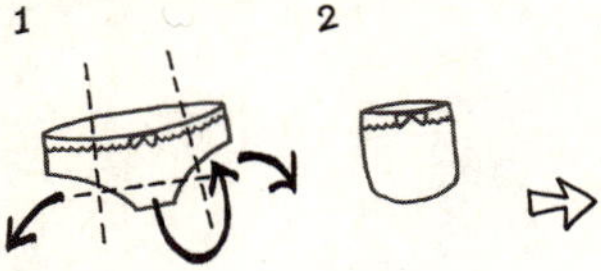

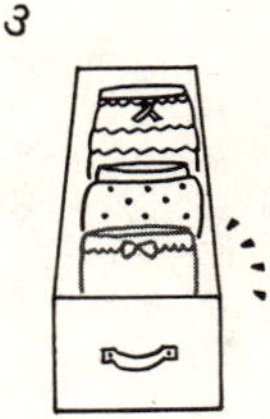

幅が合うケースなどに立ててしまい、引き出しに入れると取り出しやすい

下着は真ん中が中心になるように
３等分にたたんで

くつ下

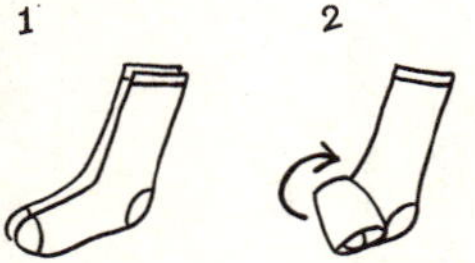

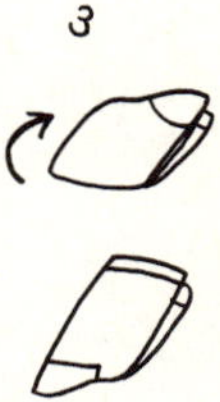

靴下は、
1足毎そろえて

つま先から
丸めるよう
に折って

たたんでマス目に入れる、または引き出しに半分に折ってしまう

※はき口のゴムでまとめると片方だけゴムが伸びるのでゴム部分でまとめないこと

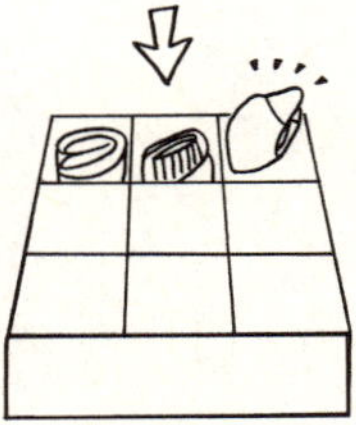

9・12・16などマス目に区切った布ケースがいろんな所で売られています。
１足ずつしまうのに便利

下着（ブラ）

ブラジャーはカップ部分が見えるように
お店で並べて売られている形のように
引き出しにしまう

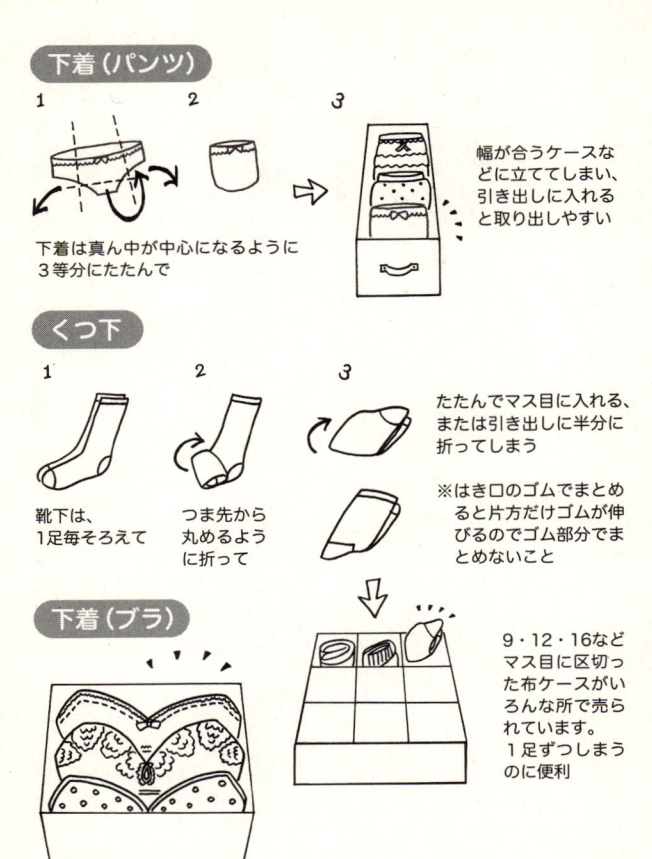

洋服が一目瞭然であることも大事ですが、パッと見た時にクローゼット全体が美しいことも大事です。

そのためには、収納用品は同じ色で統一すること、さらにできれば同じ素材で。白や木、半透明といった、洋服の色を邪魔しないベースカラーを選び、洋服を並べていきます。色鉛筆がケースに並んでいるさまを思い出してください。虹色をベースにした並び方ですね。そんな感じで配置すると、クローゼットの扉を開けた時、とてもきれいです。洋服選びもワクワクします。

そして、ゆとりあるしまい方にすること。クローゼットが美しいと、洋服をしまう時に雑になりません。きれいさを維持したくなるからです。

Tシャツ

折ったものを立ててケースや引き出しに並べると、
取り出しやすく選びやすい

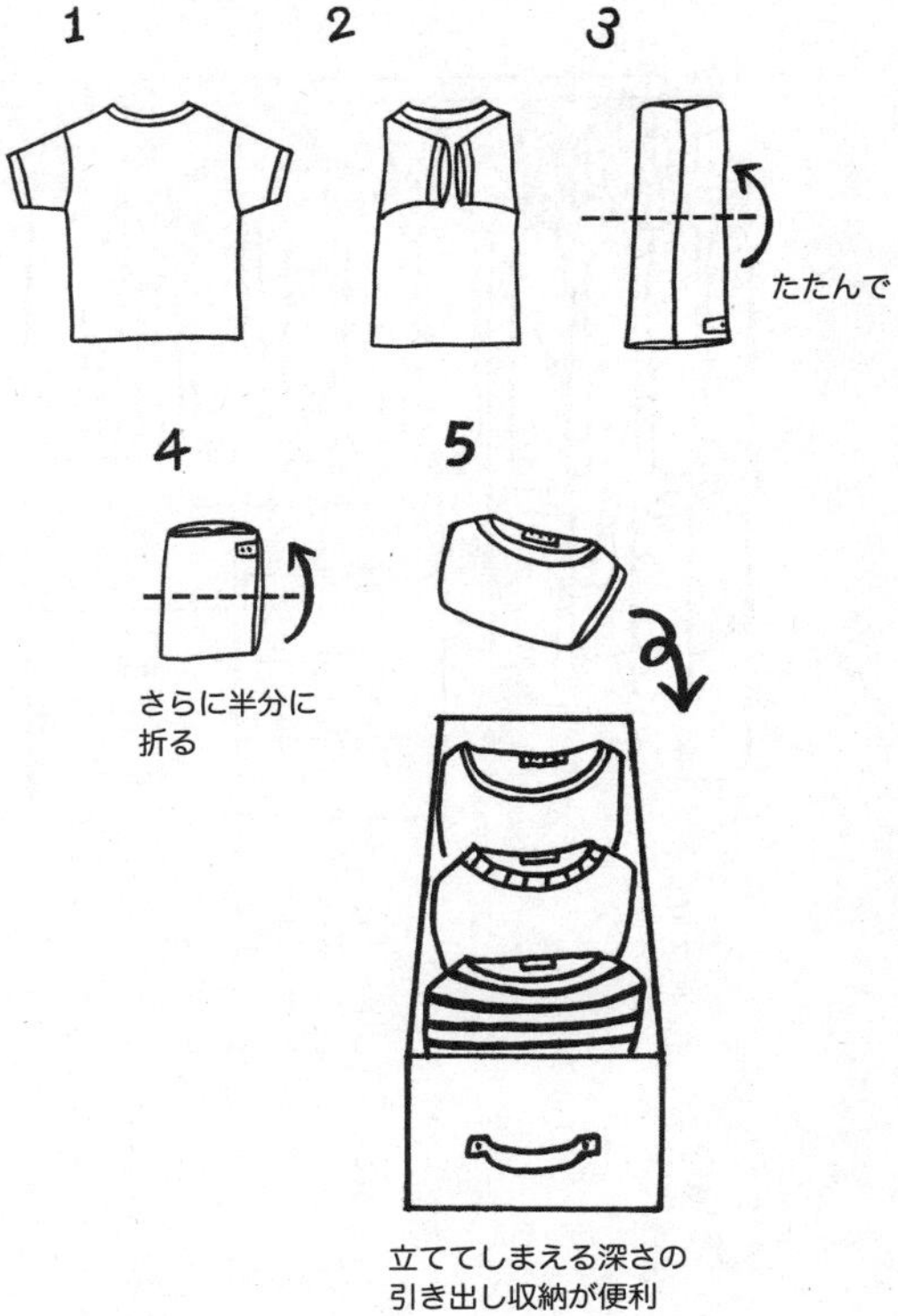
1
2
3
たたんで
4
さらに半分に
折る
5
立ててしまえる深さの
引き出し収納が便利

かけ方

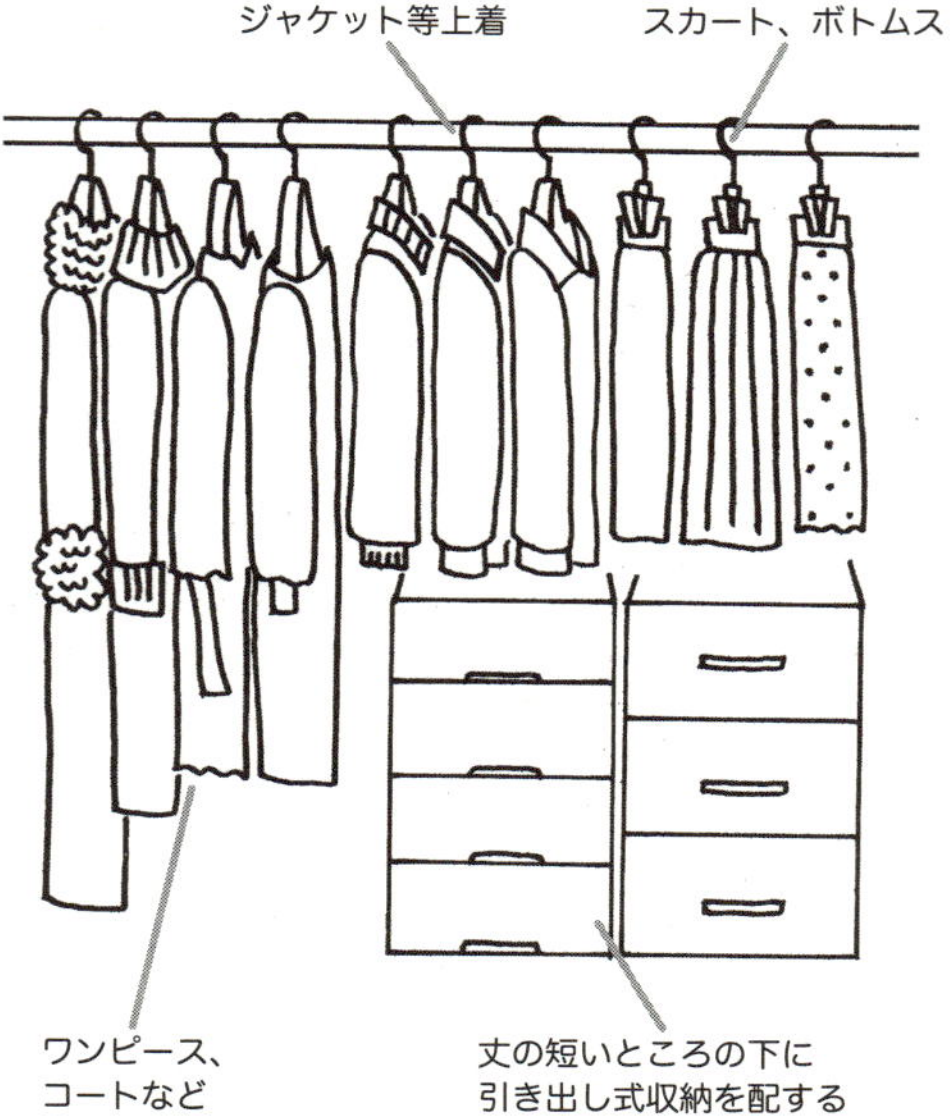
ジャケット等上着
スカート、ボトムス
ワンピース、
コートなど
丈の短いところの下に
引き出し式収納を配する

第4章

季節ごとの「衣替え」で、寝室も片づく！

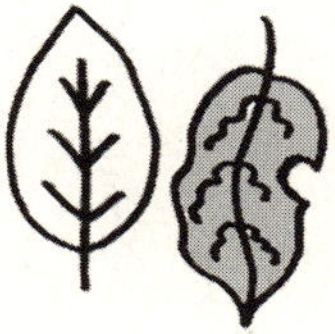

衣替えは整理の定期的チャンス

衣替えはぜひ、本気（？）で取り組んでいただきたい！

春・秋の年2回のこの衣替えが、自発的に整理ができる定期的なチャンスなのです。

日頃は、洋服の整理なんてしている時間……ないですよね？　ならば、衣替えを活用して洋服の整理と買い物の検討をしてほしいのです。

まず、前シーズン（そろそろ終わりの季節）の洋服を全て出します。

今回一度も袖を通すことがなかった洋服は、来年も着ませんので、「残さない」。今年着たけれど、来年はもういいやと思った洋服も「残さない」。ほかは、似合うとか似合わないとか、前述した基準に沿って手放していきます。

手放す前に「部屋着として」とか「汚れてもいい用に」とか理由をなんとかつけてとっておこうとする方もいます。それはモノでいう、「何かに使えるから」「いつか使うから」と全く同じ心理です。部屋着は部屋着になるものを買っているはず。汚れてもいい用ってどんな時ですか？　無理に残そうとしないでくださいね。

次は、これからのシーズンの衣服。これも前シーズンと同じように分けます。昨シーズン着たのか、着ていないのか、今年は着られるデザインなのか、等々。

これで、4分の1から3分の1ほどに減るはずです。

それから、前シーズンは奥、または別の場所にしまいます。

これからのシーズンに関しては、減って、コーディネートで着回せる数が少ないと感じたら買い足します。

何のアイテムの何色でどんなデザインがあるといいのか考えて買い物に出かけます。

そして、安売りにまどわされないように、買っていいモノを頭に入れて出かけます。

洋服の整理は、洋服を新たに購入する前がベストです。つまり衣替えの頃。次のシーズンの洋服を購入しようと思う頃にするといいですね。

これを年2回、春・秋に行うことで、常にクローゼットの中の洋服が回ります。着ない洋服を長い間持っているということがなくなります。洋服だけではなく、モノの見直し時期を定期的に持つということは大事です。

◇✦衣替えでチェック！

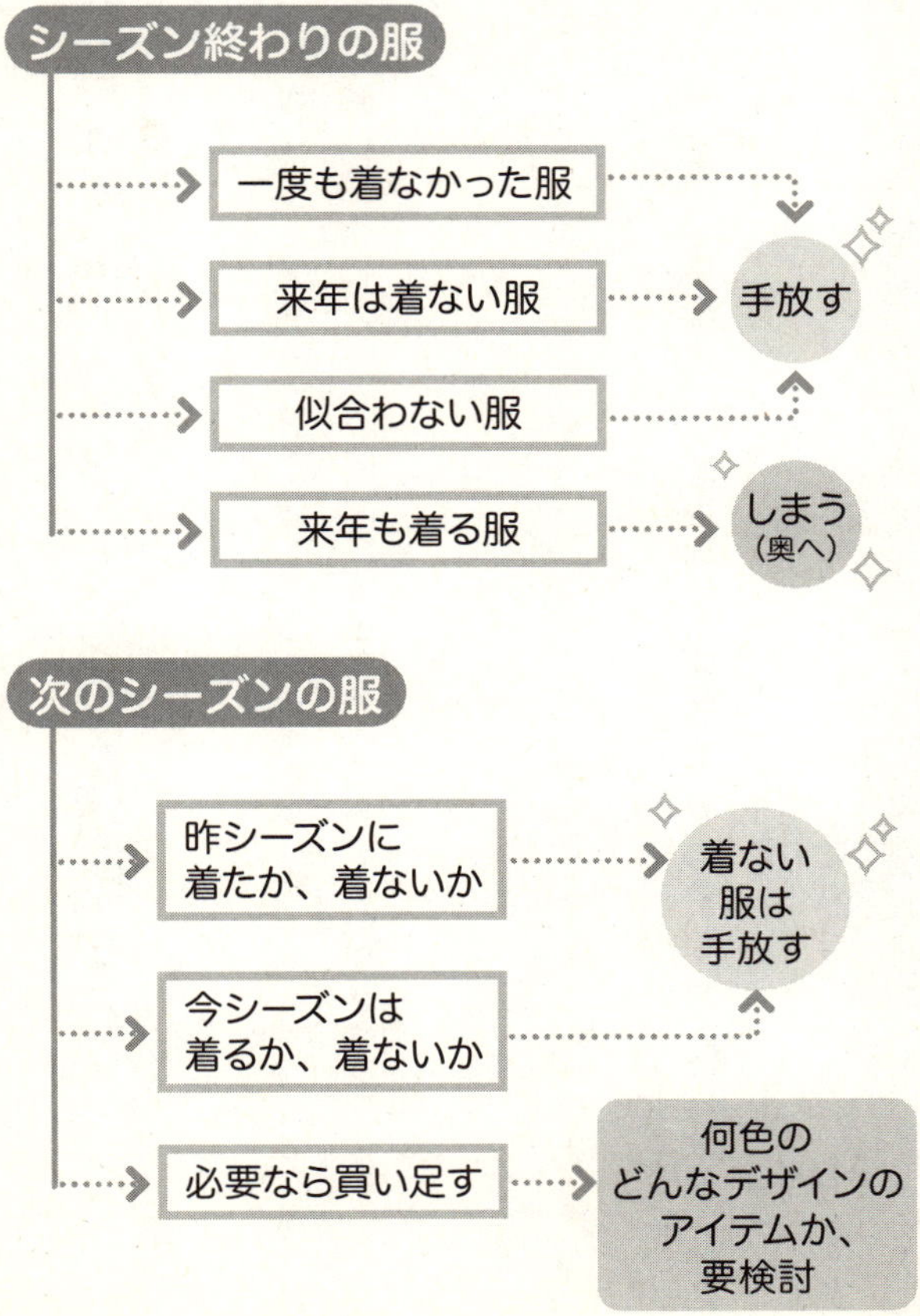
シーズン終わりの服
一度も着なかった服
来年は着ない服
似合わない服
来年も着る服
手放す
しまう
(奥へ)
次のシーズンの服
昨シーズンに
着たか、着ないか
今シーズンは
着るか、着ないか
必要なら買い足す
着ない
服は
手放す
何色の
どんなデザインの
アイテムか、
要検討

衣替えでは、クリーニングを活用する

夏物であれば汗ジミが残ったり、冬物でしたら暴風雨や雪で濡れて汚れていたりします。その時は目立たなくても、時間が経過すると落ちない色褪せやシミ、変色の元になります。

自宅で洗濯ができないドライ品は、翌シーズンも着るのでしたら、ちゃんとクリーニングに出しましょう。

また、洋服を購入する時には、洗濯表示を確認してください。購入価格より何回か出したクリーニング代の方が高くつく場合もありますので。

クリーニングから戻ってきた洋服は、ビニールを必ず外してしまってください――

と言われます。これは、ドライクリーニングの際に使用する溶剤が乾燥しきっていないからということらしいのですが、外して保管すると、ほこりやシワなどが気になりますね。私は、下や正面に切り込みを入れて風通しを良くするようにしながら、ビニールを外さない保管にしています。

また、クリーニングに出すと半年間預かってくれる店舗なども現在サービス展開中です。自宅に収納スペースが不足しているという方は、こういったサービスを活用するのも手ですね。

シーズンごとに自分の身体も見直す

次シーズンの洋服整理をする時に、実際に着替えてみることもオススメします。なぜなら、もし……入らなかったら？　全捨てになる可能性も！

衣替えを通して、自分の体型チェックも併せて行うようにします。体重は全く変わっていないのにウエストが入らない――これは、男女ともよくあること。

首下、胸元あたりの肉は落ちて、背中、二の腕、お腹・腰回りに肉が付く。この部分に肉が付くと、洋服はきつくなります。細身のジャケットなどはなんとか着ることができても腕を動かせないとか、ボタンが、ホックが締まらないということに。

毎回毎回体形が変わると洋服がムダになってしまいます。

健康のことも考えて、年2回の衣替えを自分の体型メンテナンスのタイミングと決めて、体重だけではなく、お腹・腰回りを中心にサイズ維持を心がけましょう。

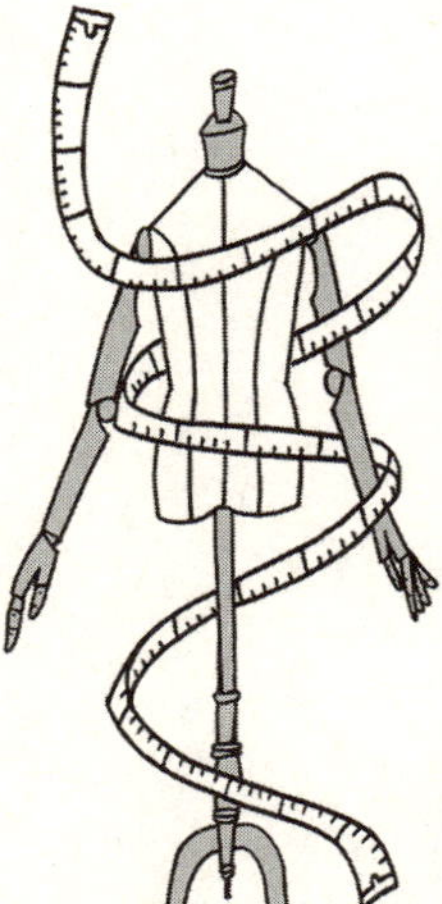

イメージチェンジ、リフレッシュをはかる時期

衣替えは、季節の変わり目でもあるため、イメージチェンジやリフレッシュをするタイミングにはちょうどいい時期です。

衣替えに合わせて洋服を買いに行く。この時に新しいファッションに挑戦してみたい、前述したイメージコンサルティングで自分を変えてみたい、長い髪を思い切ってショートにしたい。

そんな風に自分を変えたいと思う、このアクションも片づけと連動する大事な要素です。「変えたい」と思う時は、何かやる気が出ている時、自らやる気スイッチを押した時なので、片づけがはかどります。自分が感じたまま行動してみましょう。

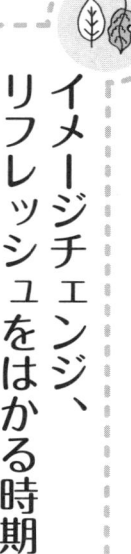

ロングヘアからショートヘアに変えると服装も変わってきます。この時に、ショートに合わないなと思った洋服をどうするか。ロングになったらまた着るからとっておく——ではなく、ここで一度リセットです。次にロングになった時は、より素敵な服装が似合っているはず。

気分転換をしよう、リフレッシュをしようと思ったら、今までのモノは思い切ってなしにして、一からのスタートをオススメします。

「失恋」であったり、「転職」であったり、人生の転機かもしれません。そんな時に過去に引っ張られることがないよう、前しか見えない状況にしましょう。

衣替えの時期はちょうど「春」または「秋」。人が鬱状態に入りやすい時期でもあります。そんな時に衣替えで片づけてスッキリさせる、買い物で楽しむ、イメージチェンジを図る。とっても素敵な行動だと思います。

新しいこと、新しい自分ってワクワクしませんか？

洋服を買い足す時には、単品で決めない

洋服の整理を行い、何を持っているのか把握できたなら、足りないモノも出てくるはずです。そこで、買い物に行く際には、タンスの肥やしにならないようしっかりと検討してから選びます。

失敗しがちなのは、コーディネートを考えずに単品で気に入ったモノを買ってしまうこと。例えば、スカートを見て一目ぼれして購入した。けれど、どうもいろいろ組み合わせてもしっくりこない、そのために着る機会がなかなかない。だけど、そのスカート自体は気に入っているから手放したくない。そんな洋服もあると思います。

しかし、着る機会が出てこないということは洋服としての意味をなしていないこと

になります。つまり、気に入って買ったけれどタンスの肥やしになってしまったということ。そうならないためにも、スカートがもう1～2着あるといいな、と思ったら、自分が持っている上に合わせるジャケットやカーディガン、インナーなどをちゃんと把握します。

買い物をする前に必ず自分のクローゼットを見て、考えることです。この計画的な買い物は、毎回行うことで考える力がつき、コーディネートのセンスも養われてもきます。今まで考えられないから都度、ある意味〝適当買い〟していたのだと思います。季節を繰り返すごとにコーディネートを考える力が養われ、その度に良い買い物ができ、クローゼットも徐々にスッキリしてくるはずです。

何色のどんな形で、長さはどのくらいのものがあると活用できるかを考えて買い物をしましょう。また、上下足りない場合は、上下で考えて購入してもいいですね。

寝室がきれいであるメリット

クローゼットやタンスは、寝室に設置しているという方、多いでしょう。併せて寝室をきれいにしましょう。

寝室は、寝る直前に目にする光景です。**スッキリときれいな光景であれば、頭の中もスッキリして気持ちよく眠りに入ることができます**。しかし、モノがあちこちに出ていて、雑然とした室内であれば、無意識に頭の中でその残像から浮かんだモノを考えて働きだします。穏やかに眠りづらくなります。

朝は朝で、起床時に目を覚まし、寝室がきれいだと見たまま、感じたままの気持ちよさで起きることができます。

しかし、散らかっている光景が、朝一番で目に入ると、朝から疲れはとれません。**モノが多いということは疲れやすい**のです。脳は無意識に見たモノ、目にしたモノについて考えてしまうというからです。

このほか、風水では、鋭角(柱の角、家具の角、梁など)が自分に向かっている方向にあると、無意識に狙われると思い、緊張した眠りに入るとも言われています。安眠、リラックスができるような寝室の片づけと模様替えをしてみましょう。

ホテルのようにモノが表に出ていない、凹凸があまりない光景が、寝室では理想です。モノは、クローゼットや物入れ、チェストなどにしまう。箱や脱いだ服、紙袋その他、雑多なものは一切出ていないようにする。

オープンクローゼットといった造りの住まいは、その部分を室内カーテンなどで目隠しできるようにしてみてください。柄物ではなく、無地のカーテンやロールスクリーンなどで。本当に気持ちよくベッドに入ることができますよ。

そして、起床したらまずは、ベッドメイクをする習慣を付けてみてください。常に寝室がきれいである状況は、清々しいものです。それから私はベッドサイドに季節の花を飾っているのですが、朝・晩美しい花を見るとなんとも贅沢な気持ちになりますよ。

玄関の次に寝室を片づけること、実はオススメです！

ファブリックも合わせたい

イメージチェンジ同様、寝室の模様替えも気分転換、やる気アップ、片づけ促進にオススメの行動です。この時に、家具の配置変えと併せて、カーテン、クッションカバー、ラグマット、ベッドカバーなどの交換はいかがでしょうか？

それからインテリアの衣替えです。

春には、春らしい柄のカーテンやクッションカバーにベッドカバー。できれば、ラグマットも合わせて。パステル系のピンク、グリーン、イエローなどが明るくなっていいですね。レース素材も季節的に合います。

夏は、ブルーなどの寒色系を使うと涼しく感じられます。

秋・冬は、落ち着いたブラウンやシックなパープル、赤なども素敵です。

私のベッドカバーは、素材が特に季節感を感じさせます。春・夏はサッカー地（縦方向に縮れた凸凹した生地。しじら織）、またはタオル素材で素肌に気持ちよい生地を選んでいます。秋・冬は、寒い北海道なのでフリース生地のカバーやシーツなどで保温性を高めています。ベッドで眠ると感触で季節感も味わえます。

タオルもよく「どれくらい持つのが普通なのですか？」と聞かれます。これは、洗濯する回数やタオルの使用頻度にもよりますね。毎日タオルを交換する家庭、数日に1回交換、1週間に1回交換とそれぞれの家のやり方によります。例えば、毎日使うけど洗濯は週1回とすると、1週間に7枚必要ですから、最低7枚はいる。あるいは、毎日交換して毎日洗濯するとなると、極端な話、1枚でも大丈夫ということになります。

自分の家のやり方から必要な枚数を割り出し、それに対して持ちすぎていたら、古いタオルは手放していきましょう。

第5章

「靴・鞄・小物」も ファッションの一部

バッグと小物はトータルで考える

バッグも洋服と同じく、ただ持っているだけのバッグ、あることも忘れていたバッグ、詰め込んで型崩れしたバッグ、多々あると思います。

持っているだけのバッグは、持っているだけの洋服と一緒で、使い勝手が悪いはずです。だから、そのバッグの出番がなく、でも、そんなに使っていないから「もったいない」としまいこんでいるのです。キレイでも使わないのなら、思い切って手放します。

あることも忘れていたバッグは、忘れていたのだから、そのまま手放して忘れてしまいましょう。型崩れしたバッグも残念ながら、持っているとみすぼらしいのであきらめましょう。

そんな感じで、バッグも整理していきます。

バッグというのは、ファッションの一部ですが、モノの持ち運びという役割もありますので、機能性も重視されます。**デザインと機能性と持ちやすさ**。この3つの要素のトータル点数が高いバッグが自分の中で出番が多い、よく使うモノです。

そして、点数が低いバッグは、いつまでたっても出番はないです。

新しいバッグを購入する時は、この3つの要素をしっかり検討して買います。

そして、バッグを持つ数。いくつがベストとは言えないけれど、ローテーションして使いこなせる数だけ持つ。財布も実は同じ考え方ですが、財布っていくつも持っている方はほとんどいませんよね？　財布は、1つという常識があるのでしょうか。

バッグだって使いやすいお気に入りを1つだけ持つという考え方もありだと思います。

愛着のあるモノをずっと使うことは素敵なことです。

だけど、やっぱりバッグはコーディネートに合わせていくつか欲しいと思うなら、持っている洋服の色合いを思い出しながら、冬は特にコートの色や素材と照らし合わせながら考えて買う。

このほか、大きさ。役割によってバッグに入れるモノが違うので、たくさん入るバッグと、普段使いのサイズと、ちょっとお財布と鍵と携帯が入るくらいのバッグとで3パターンくらいは欲しいものですね。あと、冠婚葬祭用、着物用など。

そして、バッグに入っている小物もあなたのセンスを上げるアイテムです。パスケース、キーケース、ポーチも色やデザインをできるだけ統一させましょう。バッグの中も気を抜かないこと。中は常に整理してくださいね。

鞄

・トートバッグ等の布製

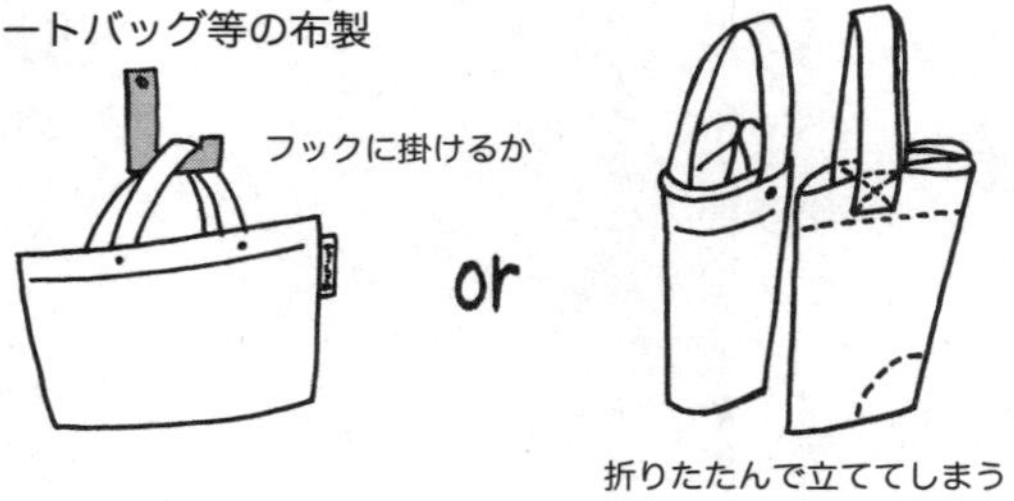

フックに掛けるか

折りたたんで立ててしまう

・合皮、革製……良い品の鞄は買った状態の保管がベスト

買った時の紙袋の中に布製の袋に鞄が入っている状態
さらに鞄の中には紙が丸めて入って、型崩れしないようになっている

例えばクローゼットの上の棚に
紙袋にしまったまま並べる

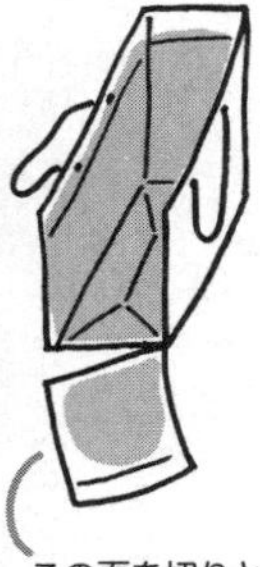

この面を切りとって
取り出しやすく

映画やショップを参考に

クローゼット、物入れが日本の住宅にできたのはここ30年くらいのことでしょうか？　私が子どもの頃は、押し入れと納戸がほとんどでした。洋服は、タンスにしまうものでしたね。

今では、多くの新築住宅、マンション、賃貸住宅でクローゼット、ウォークインクローゼットが設置されています。和装ではなく、洋装が主になっている現代では当たり前ですが、日本ではまだまだクローゼットの歴史が浅いため、上手く活用できないようです。

クローゼットの活用の先輩といえば、ヨーロッパ、アメリカといった先進諸外国。

映画に出てくる部屋やクローゼットのシーンをよく見てみてください。洋服もさることながら、帽子、靴、バッグ、アクセサリーなど、上手に収納されています。

前著『玄関から始める片づいた暮らし』でもお話ししましたが、靴の収納は下駄箱じゃなくてもいいのです。クローゼットだっていいのです。コーディネートして、ラストに靴を選んで、鏡の前で自分に「ＯＫ」を出したら、靴を持って、玄関に行けばいいのですから。

そのために必ずクローゼットの近くには、全身が映る鏡があるといいですね。

また、帽子やバッグって形がさまざまなので、どうやってしまおうか――と悩んだら、置き方、並べ方、たたみ方を参考にするために洋服のショップを回ってみることもオススメします。このほか、洋画や海外ドラマにも素敵なクローゼットシーンが出てくることもあるので、ストーリーだけでなく、収納も目をこらして探してみてくださいね。

私は、ショップを見て回って、洋服の仮置き場（ちょっと着て外出したからしまうことはできないけれど、まだ洗濯しないジーンズなどを置く場所）として、木の椅子・スツールの上に置いた藤カゴにたたんで入れるようにしました。1枚か2枚なので、そんなにかさばりません。部屋の角に木作りのシンプルなチェアとさりげなく置かれたジーンズやシャツ。ちょっとオシャレに見えます。

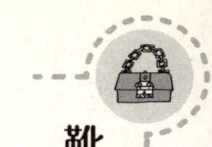

靴を整える

靴は、玄関収納に入りきらないというお宅が多いと思います。前述したようにクローゼットにしまうのもアリですから、オフシーズンはクローゼットや物入れにしまい、オンシーズンは玄関にしまう、でもいいと思います。

たくさんあっても履く靴、履かない靴があるはずです。靴も洋服と同じように全部出してチェックしましょう。

靴箱、玄関の三和土《たたき》の上などあらゆるところにある靴を全部出します。洋服と同じようにさらに個別に仕分けをして、「履く靴」「履かない靴」に分けます。

ここでも大事なことは、「いつか履くかも」「高い靴だから」などということではありません。**「履く」か「履かない」か。**

修理してでも履きたい靴は、すぐに修理に出しに行きます。「後で直そう」は、結局行かないで終わってしまうからです。

現在履いている靴、冠婚葬祭用の靴、スポーツなど何かの時には履く靴は、残します。**今年履かなかった靴（オマケして昨年まででもいいです）は、たぶん来年以降も履きません。**というのも、サイズが合わない、足が痛くなる、イマイチ気に入らないなどなんらかの理由があるから履いていないのです。思い切って手放しましょう。

特にサイズが合わない、足が痛い靴は、ほとんど履いていないからもったないと思いがちですが、**足が痛ければ役を果たしません**から。

そして、しまう時は色別、アイテム別（ブーツ、ミュールなど）に分けておきます。出かける時にコーディネートしやすいことと、新しい靴を買う時に何が足りないのか（アイテムや色）がわかるからです。靴を買う時は、少し長めに試し履きをしてみましょうね。

コーディネートを考えるのであれば、自分が持っている洋服やバッグの色合いに多い順に靴も持っているといいですね。

黒が多ければ、まず黒い靴を持つということです。「黒」「ベージュ」「茶」「白」あたりは無難ですから、1足ずつ持っていてもいいですね。そこから、他の色を買い足すように考えてみるといいでしょう。

ちなみに私は、黒、白、茶の定番の色の靴に加えて、洋服が明るい色が多いので、赤、ピンクベージュ、ブルーなどを持っています。デザインはアンクルストラップが大好きなので、それが中心ですね。

靴も洋服と同じく、周囲の人から「可愛い」「素敵」と褒められると嬉しいもの。褒められた靴のイメージは次回の買い物の参考にもなります。

アクセサリー、小物はちゃんと活用していますか？

コーディネートの最終であるアクセサリー、ベルト、スカーフ、腕時計……買ったもの、ちゃんと活用していますか？　アクセサリーは持っているけど、なかなか付けないという女性、割と多いです。

それって、しまいこみすぎているからです。せっかく買ったのですからコーディネートに取り入れましょう。ただし、付けすぎるとごちゃごちゃするので、全体的になんか寂しいなと思ったコーディネートの時だけですね。

アクセサリーやスカーフなどは、鏡の近くに置いてあると、全身を映した時にちょっと手にとって合わせられるので便利です。

扉の内側やクローゼットの内壁にフックやワイヤーなどを取り付けて、掛けておくのもいいですね。ネックレスは絡みやすいので、掛けておくか、引き出しなら、1本ずつ仕切って伸ばしてしまいましょう。

アクセサリー、スカーフ、ベルト、腕時計、サングラス、手袋、マフラー、バンダナ、帽子……これらは、全部ファッションに関するモノです。クローゼットに一緒にしまっておきましょう。取り出しやすいように配してください。

アクセサリーをはじめとする小物も季節感がありますので、やはり「衣替え」しましょうね。定番以外は、流行デザインであったり、年齢とともに似合わなくなっていたりしますので、定期的に見直しをしてください。

アクセサリー

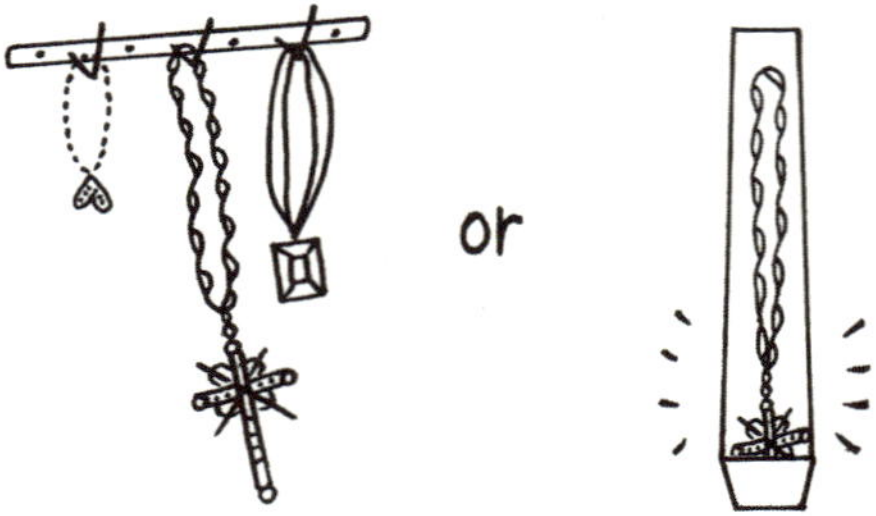

ネックレスはくさりがからみやすい
のでフックにかけるか

仕切りケースのようなもの
に1つずつしまうこと

ネクタイ、ベルト

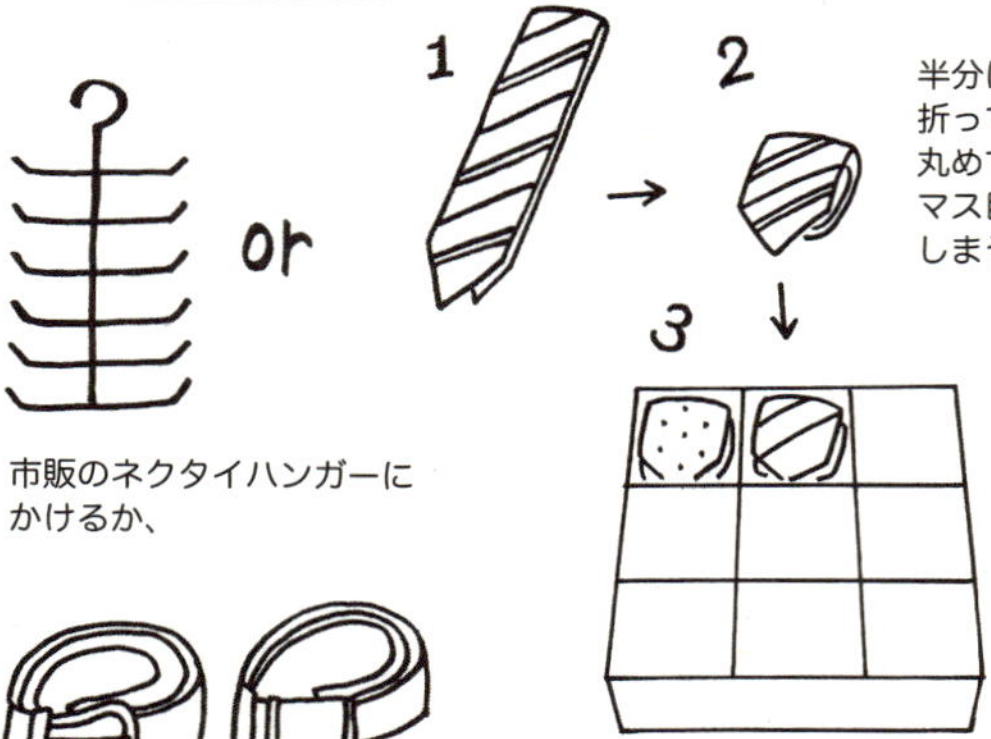

半分に
折ってから
丸めて
マス目状に
しまう

市販のネクタイハンガーに
かけるか、

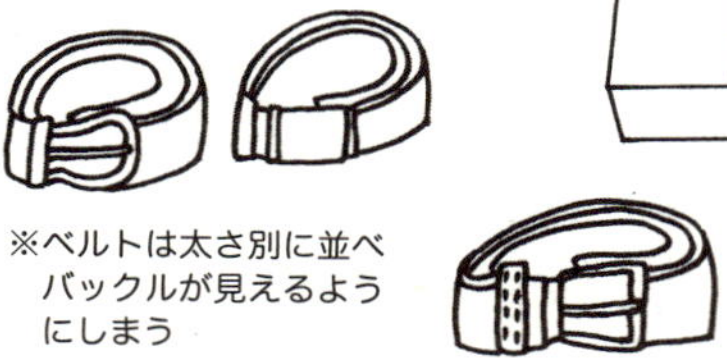

※ベルトは太さ別に並べ
バックルが見えるよう
にしまう

マフラー

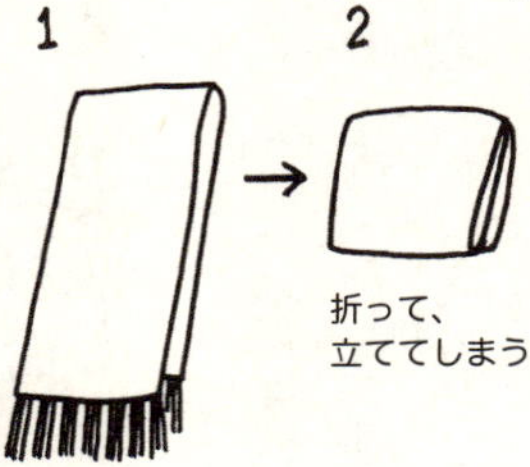

折って、
立ててしまう

スカーフ

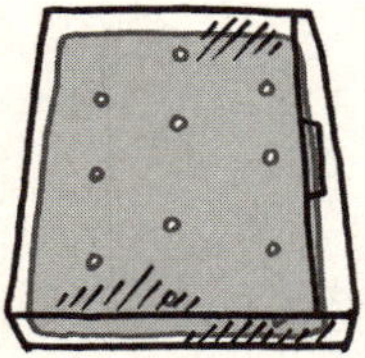

100均の厚さ1cmほどの
書類ケースにしまう

or

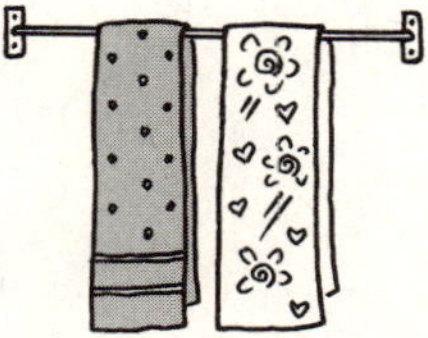

タオルハンガーのようなものを
とりつけて細長く折ってかける

or

スラックスが何枚も
かけられるハンガー
にかける

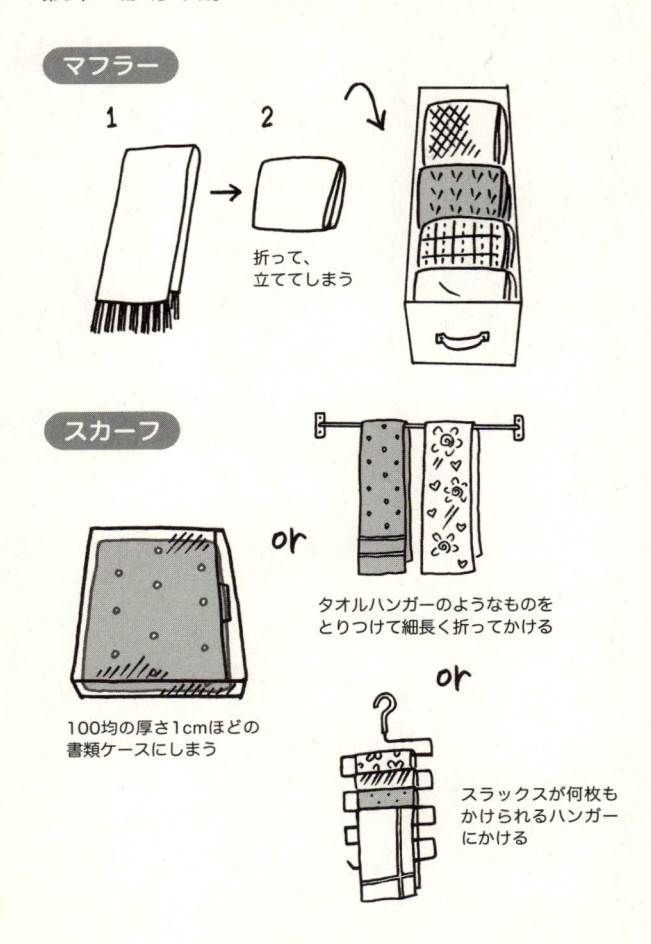

子どもの洋服、どうしていますか？

子どもって、成長が速いから衣服を用意していても季節によっては着られずに終わったり、1、2度しか袖を通さなかったりする服も多いのではないでしょうか。そんな衣類を処分するのは、確かにもったいないですね。

また、2人目を想定してお下がり服として保管されている家庭もあるのではないでしょうか。

これらの子ども服をいつまで、どのくらいとっておけばいいのでしょうか？

まず、お下がり服は、いくら新品でも数年しまいこむと黄ばんだり、家の中や押し入れなどの臭いが染みつきます。せいぜい3～4年を限度にとっておいてみましょう。

そのほかの方法としては、友人、知人で同じくらいの年頃のお子さんがいる方に積極的に声をかけて差し上げる。リサイクルに出す。フリマに出す。幼稚園や保育園のお着替え用として寄付するなど、どんどん使って、着ていただけるところに回しましょう。

子ども用の衣服こそ日々汚れるし、破れるし、翌年には確実に着ることができないので、お下がりの予定以外とっておくことはしないように。

また、ピアノの発表会や小学校の入学・卒業式などの1回きりの洋服もそうですね。下のお子さんがいないのであれば、翌年に行事を控えているご家庭に渡します。私も娘の小学校の入学式のワンピースは姪からお下がりをいただきました。卒業式用のブレザーとスカートは購入しましたが、2度着る機会もないため、図書ボランティアで一緒のお母さんが娘3人控えているというので、「ぜひぜひ！」と差し上げました。

第6章

服の整理は、
部屋だけではなく
自分を整えること

あなたにとってのファッションとは?

平安時代の昔から着物、帯の色、柄であったり、ヨーロッパでしたら、ドレスの中のペチコートやドレスのデザインであったり、扇子、手袋、アクセサリーなど何百年も前から人はオシャレをこよなく愛してきました。

その意味合いでは、異性の気を惹くこと、同性からの優位性であること、注目を浴びたい、羨望されたい、自己表現など、いろいろな感情があると思います。

食器や雑貨などは、使う・使わないの実用性での選択になりますが、洋服は、気持ちや感情で選択するということ。だからこそ、感情の量だけ洋服を持ってしまうのだと思います。

「もっときれいになりたい」「素敵に見られたい」「目立ちたい」「オシャレだと思わ

れたい」……そんな想いが多ければ多いほど、衣類を抱え込みます。

学生時代にスポーツに明け暮れていて、全く服やファッションに興味がなかった人が、卒業してスポーツを辞めた途端ファッションに目覚めたという話をよく聞きます。

それは、その当時は夢中になっていたスポーツしか目に入っていなかったから。スポーツ用品は気になっても、衣服に関しては無頓着だったのです。しかし、引退し、興味が異性や友人との交流に移って、ファッションを気にするようになったのです。

つまり、人の目を気にすることが大きな要素です。

これは、知人から聞いた実体験がまさに当てはまります。

東京のベンチャー企業に勤め、収入の高いエリートであった男性が、退職して南の島で1年間暮らしていた時に、ファッションなんか全くナンセンスだと思い、人間が人間らしく生きるための原点を感じて、幸福に過ごしていたそうです。しかし、自宅のある東京へしばらく戻ることになり、友人に会うために渋谷や青山へ出かけた時に、新しい衣服を買おうかなーと思ったそうです。
やっぱり人の目が気になってしまったということですね。
人の目なんか気にしない、私は私だから一切ファッションなんて！　という自己の確立ができていれば、あなたにとってのファッションは衣服ではなく、精神的なものだと思います。

しかし、多くの方は、人の目を気にしてのファッション。だから、洋服をたくさん持ってしまう。それなら、自分にとってファッションは何を補ってくれるのか？　または、何を表現するのかを考えます。

「自分はこんな人間だ」と第一印象でわかってもらいたい、一目置いてほしい、褒められたい……多々あると思いますが、それがビジネス上の戦略であれ、プライベートであれ、単に数をいっぱい持って適当にコーディネートをするのではなく、1つの軸を持って衣服を揃えていくことです。

洋服は数じゃない

「オシャレに見られたい」そう思うのなら、数をたくさん持つのではなく、コーディネートの腕を上げてみる。

「目立ちたい」のなら、やはり数を持つのではなく、他人がしないファッションを極めてみる。

あなたは洋服をどのように着こなしたいですか？　それによってクローゼットの中身も変わってきます。

例えば、仕事でスーツを着る方。1週間のメインは、スーツですね。そして、朝できるだけ身支度に時間をかけたくない。そうすると、スーツ及びインナーなどをまとめて収納し、部屋着、普段着、カジュアル着などのスーツ以外は別にまとめて収納をします。

コーディネートを考えるのなら、スーツを購入する時に、女性ならスカートとスラックスの3点セットを選び、カットソー系のインナーとブラウスかシャツを黒・白・他の色1～2点を用意するとそれだけで6～12通りの着回しができます。

男性ならスーツ一式に対して無地のシャツと柄のシャツを持ち、それぞれに合うネクタイを持つことで、数通りの着こなしが可能です。

その着回しが毎日ローテーションできるように配置しておくと、毎朝の洋服選びに時間をとられません。

このほか、若く見られたいと思って、若い人が着るような洋服を着ている方もいます。その洋服のデザインにもよりますが、やはり容姿と洋服が合わなくて残念な場合もあります。だからといって、年相応の洋装店でいつも購入してしまうと、その年齢通り、またはそれ以上に見られてしまうこともあります。

コントなどで若いタレントの女性が中高年の役作りをする時に、いかにもオバサンという恰好して、ボリュームアップしたカツラをかぶって登場することがありますね。そうすると顔は若くても、なんとなくオバサンに見えますよね。まさにファッションひとつで年齢はある程度変えられるということなのです。

若く見せようとするのではなく、似合う、素敵な恰好をすることで自然と若く見られるものです。そこを勘違いしないで、コーディネートするといいですね。

「似合う」「イメージアップ」「素敵」がキーワード

ファッションは、大きく分けて**「自分が好きな」もので着こなすのと、「自分に似合う」ものを着る**、の2パターンだと思います。

若い頃やキャラ作りのためとか個性派路線の方は、「自分が好きな」ファッションでいいと思いますが、ある程度の年齢、かつビジネスでちゃんとしたい、プライベートでも素敵な人と思われたいのなら、「自分に似合う」ファッションです。

この「自分に似合う」と「自分が好きな」という洋服を理解するのは意外に難しいのです。「好き」は自分が思う感情。「似合う」は他人から見たあなたへの感情。

自分が好きな洋服と似合う洋服が全く違う場合、特に着ることにためらいがあると思います。しかし、周りから似合うと言われると、だんだん自分もその気になってくるから不思議です。鏡の中の自分を見慣れてくるのかもしれません。

「自分が好きな」ファッションの洋服であれば、際限なく購入してしまいます。しかし、「自分に似合う」服となると、買い物は慎重になるのです。なぜなら、直感や価格では選べないから。

また、若作りはやめた方がいいけれど、自分の見た目年齢で選ぶのは賛成です。アラフォーだから、アラサーだから、若い世代向きのお店の洋服は買えない、ではなく、見た目が実年齢よりも若く見えるならそれで大丈夫。ただ、若い子が着る服を着て、若く見られようというのは間違いです。若く見られようとするのではなく、若い世代の服を自分なりに着こなすことで、素敵に見えます。

逆に、若い女性がセクシーな服を着るのはあまり品がよくないと思います。ある程度の年齢になってからの方が、大人の女性として着こなせると思います。

私は、洋服＝ファッションに年齢ってあるのだろうか？　と思っています。その人に似合っていればいくつになっても、逆に若い人が落ち着いた恰好をしても全くおかしくないと思います。

映画『最高の人生のつくり方』に出てくるダイアン・キートンの服装が素敵でした。ダイアン・キートンは当時68歳という年齢で、ブラウスにウエストシェイプされたフレアスカートを着こなして、とってもキュート。あの服装は20代の女性が着ても素敵な組み合わせです。

定番のブラウスにスカートという服装は、幼児から80代、90代になっても上品で似合うコーディネートです。品がよければ、似合っていれば、いくつになってもどんな服装でも全くOKじゃないでしょうか？

このほか、若い世代の友人、知人をもったり、服装やコーディネートを観察するのも大事なことだと思います。というのも娘が私のフェイスブックをのぞきこんで、ファッションコーディネートを自撮りしている女性を見て、「ザ・昭和」って服装だねと言ったんです。私は昭和育ちだからそんな風に感じなかったのですが、似た年代の中にいるということは、そういった感覚もマヒするということなのです。10代20代の感覚も若干取り入れられるように付き合う人間の幅を広げると、コーディネートの幅も広がるように感じます。

洋服を着る上で大切なのは、自分の見た目年齢に合った、自分の肌や髪の色に合った、自分の体形に合った洋服を選ぶことです。

この洋服を着るとどんな風に見えるのか？　「自分に似合っているのか」「前より素敵になったねとイメージが上がるのか」それが洋服を選ぶ最大のポイントです。

クローゼットの中の全ての洋服がこれだと、何を着ていってもそう言われます。

これからは、**着る、着ないよりも「似合う」「似合わない」**を基準に洋服を整理していきましょう。

イベント買いしていませんか？

イベント買いとは、友人の結婚式であったり、同窓会であったりと、何かイベントの度に洋服を買うことです。そのイベントのために買ってしまうので、2回目に着る機会があまりないのも特徴。

特に友人の結婚式であれば、出席する友人も同じメンバーが多いため、同じ洋服が着られない、ということで、また買ってしまう。でも、一度しか袖を通していないから手放せない——。それで、よそ行きの服がどんどん増えていく。

また、以前私のセミナーを受講された女性は、子どもの学校の参観・懇談会などに毎回違う服を着ていくために、その都度購入していると話されていました。それは、他のお母さん達が、あるお母さんに対して「前もあの服着ていなかった？」と話しているのを聞いたからだそうです。

ローテーションで繰り返し着ていて、たまたま二度同じメンバーにあたっただけだと思うのですが、見ている方からすると「あの服しか持ってない？」と思われたのかもしれません。

しかし、思われてどうなのでしょう。自分の健康を害するとか、困ったことが起きるのでしょうか？　常に洋服を買って、お金が出ていくだけだと思います。

私だったら、その会話をしていたお母さん達に「よくそんなこと覚えていますね～」って言っちゃいます。きっと敬遠されるタイプですね（笑）。

ちなみに私は、子どもが中学生の時、参観・懇談会の日は、なぜか高い確率で、デザイナーやインテリアコーディネーターとの打ち合わせなどが入っていたので、相手に合わせて個性的かつ派手めで外出。打ち合わせの合間に学校に寄るので、子どもから「もっと控え目な恰好をして！」と嫌がられていました。

私の職業は一応隠していたので、もしかすると、他のお母さん達から「なんて派手な……」と思われていたかもしれません。

でも、子どもの同級生からは、「○○ちゃんのお母さん、相変わらず恰好いいね」と話しかけてもらったり、仲の良い他のお母さんからも「いつも素敵な恰好しているから、ちょっとマネしてみたの」って言われたり、そして、そのママ友がいつもよりオシャレさんになっていて嬉しいこともありました。

イベントの時に「ここぞ」という洋服を買うのではなく、日頃から「これがベスト」でいられるような服選び及びコーディネートができるようにしましょうね。

同じ洋服を着ていても言われる、派手にしても言われる、たぶんダサくても言われる（笑）。だから、自分に似合う、素敵なファッションをするためにもクローゼットの整理が必要なのです。

言いたいことを言う人は、何をしても言うと思います。そこの人間関係の整理もついでにしてはいいのではないでしょうか？

仕事とファッションの深い関係

職業とファッションの関係はとても重要です。特に専門的な分野で個人活動している方、アパレル関係やインテリアコーディネーター、デザイナーなどの方は、見せ方、イメージ、センスの良さが要です。堅い職業であれば、信用されるような誠実で控えめな服装が大切ですね。

札幌市にある老舗の和服会社の社長、マネージャーさんはどこに行くにも着物を着ています。日本全国、日頃の飲み会、忘年会、もちろん出勤も着物です。そのとことん突き詰めたイメージ戦略は、着物に興味のない方々を「着物着てみようかな?」と思わせるほどになりました。和装が売れないこの時代にもちろん業績は伸びています。

ちなみに私もセミナー内容、受講者の年齢や客層、人数によって、同じ講師業でも衣服を選んでいます。さらに片づけの現場、企業との打ち合わせ、上海での活動――それぞれでイメージを変えています。

また、プロフィール写真の衣装は、イメージ付けの一番メインでありますから、2年前に当時のスタッフと赤いエプロン&ポーズを考え、リラックスした表情にしたくてスタッフに撮影してもらいました。

その流れで、今年は同じエプロンでプロに撮影してもらいましたが、2年前の宣材写真は評判が良く、その写真で、いろんな広告代理店から今もお仕事をいただいています。

それだけイメージというか第一印象は重要なのです。

このほか講師業では、講演会の参加人数が100名以上の時はスーツという暗黙の了解があり、男性ばかりの場合はスーツで、女性が多い場合はワンピースにジャケットというういでたちに。ただ、男性ばかりの時は、会場がグレーや紺など暗めのカラーになりがちなので、明るい色を選びます。堅いご職業ばかりが集まる場合は、抑えめのスーツに明るいコサージュをつけたりと何か女性らしさをポイントに入れます。

でも、基本はどれも似合うモノ。私には娘という厳しいご意見番がいて、絶対お世辞は言わないから、仕事着は厳しく判断してもらっています。

ファッションと仕事に対する講義もビジネスセミナーでたまにします。私は、整理収納の仕事の前からリフォームコンサルタントという仕事をしています。建設系企業さんと一般ユーザーさんの両方からの相談に乗るのですが、一般ユーザーさん、特に女性がリフォームをする際に、何を基準に依頼する会社を選んでいるかというと、リフォーム会社さんの担当者さん自身というのが理由の1つです。

一般ユーザーの主婦の方は、その担当者さんがオシャレだと家も素敵にしてくれると思っています。ファッションセンスと住宅センスはだいたい比例していると私も思っているので、間違っていないでしょう。

なかでも女性として、母や妻やいろんな役割や経験を経て、かつオシャレでいる40代前後の女性担当者は、住宅だけではなく、外見や生き方に共感され、人気がありま す。これは、芸能人を始めとして全職業に共通していますね。だからこそ、ある程度の年齢になれば、なおさら外見を整えることは重要になるのです。

自分で似合わないと思う服は着なくなっていく

「似合う」「素敵に見える」洋服に絞っていくとお話ししました。では、逆に似合わない洋服は、どうやってわかるのか――。

それは、自分が一番わかっているのかもしれません。「着ない」「着なくなった」洋服というのは無意識のうちに自分で似合わないと感じて、拒否しているのです。

どうして着る服と着ない服が出てくるのか。着替えて、鏡の前で合わせてみるとなんかイマイチしっくりこない。そんな服が、しまわれて、忘れ去られていくのです。タンスの肥やしになっている洋服の多くは、着ない服です。いつも着るお気に入りの洋服は、タンスの肥やしにはなりません。

また、以前はよく着ていたのに、今はどうも似合わないような気がして——。それは、体形が変わったことや、顔色がよくみえなくなったなど、年月を経て、似合う服が変わってきているからです。

体重は変わっていないのに、どうも上半身が太って見える、以前は着ると華やかだったのに、顔が浮いて見えるなど、30代以降にはありがちです。そうなってくると残念ですが、もう以前のように着こなすことはできません。手放してしまいましょう。よく「まだ着られる（傷んでいないから）」「何かの機会に着られる」ととっておく人がいます。似合わない服を着続けていいのですか？

仮に着たとしても、それはイマイチなあなたを周囲に見せるだけになります。イマイチと思われても全く構わない。「私は、この洋服がボロボロになるまで着続けるの！」という信念があれば、それはそれでいいでしょう。

でも……残念ながら、そのような信念をお持ちの方は少ないと思います。急いでコーディネートしても、慌てて着ても、似合う服だけを残すことをオススメします。

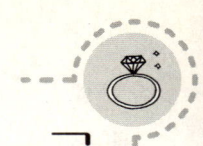

「痩せたら着る」は永遠にこない

捨てられない理由で、「高かったから」に続くのが、「痩せたら着る」。そう思い続けてどれだけの月日が経っているのでしょうか？　厳しい言い方ですが、本当に痩せて着る気があるのでしょうか？

そして、痩せたとしてもそれは体重を戻したというだけで、以前とスタイルは違うはず。同じような体重、またはどう見ても自分より体重がありそうな若い女性をよく見てください。少々ぽっちゃりであっても、いいバランスではち切れそうな、身が締まった太り方ではないでしょうか。

しかし、40代以降になるとたるんだ、緩くなった体形になってしまうため、体重だけ減っても身体つきはおばさんくさいことが多いのです。だから、若い頃の衣服は、たとえ着られても似合わない。または、ウエストや二の腕が入らないなどとなるのです。

さらに年齢によって似合う服装が変わりますから、一昔前の若い自分が着ていた服は、すでに似合わなくなっていることがあります。顔色が微妙であったり、身体がたるんでいたりと。

去年似合っていたから今年も平気と思いこまず、毎年鏡の前でチェックしましょう。まだ着られる、と自分で甘く判断して無理に着ても痛々しいだけです。ということで、過去の体形で着ていた洋服は、一度リセット。手放してください。

そして、これから買う洋服はもうサイズを変えないように、自分の体形も調整します。「似合う」「似合わない」という話をしました。この「似合う」は、スタイルも大きく関わってきます。例えば今ぽっちゃりされている方が、白いシャツとジーンズを着ても、似合うとはいいがたいです。キツイ言い方をすれば、可もなく、不可もなく――だと思います。

でも、同じ年代のモデルさんや女優さんが着ると「似合っている」「素敵」なんですね。それは、顔だけではなく、スタイルです。女優さんではなくても、身近でもシンプルな服装なのに素敵に見える女性、いませんか？　スタイルはどうですか？　痩せすぎてもいないし、太ってもいないのではないでしょうか？

女性は30代後半から太ってくるとオバサンに見えてしまうし、痩せていると貧相に見えます。近頃は、普通の主婦から雑誌のモデルに抜擢されるアラフォー女性も増えていますよね。決して細いわけではなく、ほどよく鍛えられたスタイルと家のことや子育てなどをしながら自然体なナチュラルさが人気の秘訣だと思うのです。

健康的な中肉中背を目指しましょう。「似合う」「素敵」に見える洋服の幅を広げたいと思ったら、スタイル維持に努めるのです。できれば、9号の洋服を試着しなくても大丈夫というところまで持ってくる。併せて、ウエストも頑張って少し細くする。体形ひとつで、似合うファッションはどうにも変えることが可能です。

クローゼットに身体にフィットした洋服、入っていますか？　体形を隠すゆったりめの洋服ばかり着ていたら、いつまでたっても体形に変化は現れませんよ。自分を甘やかす洋服は手放し、できる限りジャストフィットした洋服に変えていきましょう。

痩せたら、スタイルを変えたら、その頑張った自分へのご褒美に、今の自分に似合う、新しい洋服を買いましょう。

「元をとっていない」という意味不明な理由

捨てられない理由のもう1つにたまに聞くのが、「元をとっていないから」。

いくらで購入したのかわかりませんが、その購入金額に見合うほど着倒していないからと言います。どのくらい着ると元をとったのかは個人差がかなりあるようです。1シーズンまたは2シーズンで十分と思う方もいれば、10年は着ないと、という方もいると思います。

それはそれで構わないのですが、お気に入りでずっと着ている洋服と違って、「元をとってやろう」と着る服は、あなたを素敵にしてくれますか。洋服は、「使う、使わない」という観点より、自己表現です。似合っていない洋服を減価償却的に着るよりも「もう私を素敵にさせる役目は終わった」とさよならをしてはいかがでしょうか？

また、金額にどうしてもこだわっているように思えます。「高かったから」と似たような感覚です。感情で購入して消費するのに、その後に支払った金額にこだわるというのは不思議なものです。払ってしまった、買ったことを後悔しているのか、それとも支払った分を取り戻そうとしているのか。

食事に置き換えると、お金を払って美味しい食事を食べる。その元をとるのは――？　贅肉をとっておこうとしますか？　しませんよね。

ビュッフェで支払った分、元をとろうとたくさん食べる方、いますよね。たぶん、洋服の考え方とここは一緒のような気がします。

私は、金額に見合った量ではなく、好きな、美味しそうな食べ物を友人と一緒に選んで食べる時間にお金を支払ったと理解して、食べたい物を少しだけ美味しく食べるようにしています。というのも、食べすぎると「あんなに食べなきゃよかった」と後悔になるし、お腹がきつくなると美味しさが半減するからです。美味しくないお店のビュッフェに当たったらなおさら、量で元をとる気になんてなれないから、サラダやフルーツなど無難なメニューを食べます。

「元を取る」という考え方は、相手を儲けさせてやらない――って思いに私は感じます。2千円のビュッフェで、2千円分食べちゃったら、一生懸命作った料理人さんの給料、料理を運び、テーブルを片づける給仕さんの給料、そのお店の光熱費、店舗の賃料……全く出ないことになりますよね。太らない程度の美味しく感じる量、友人との楽しい会話をさせてもらった時間、それが2千円だと思って支払えませんか？

支払ったお金に執着をして、洋服を持っているのではなく、内面的な考えにシフトしてみてはどうでしょうか？

この洋服を着ると褒められる、気分がいい、そんな気持ちにさせてくれる服が、購入した金額分として費用対効果があるのではないでしょうか？

モノの価値ではなく、そのモノによって得られる価値にこだわってみる。

買った当時の金額で洋服を判断するのは、そろそろやめにしてみませんか？

「高かったから…」の呪縛

40代、50代の方ですとバブル時代に購入したブランドの洋服を手放せない方が多々います。片づけに伺うと必ずと言っていいほどクローゼットに懐かしいDCブランドの洋服があります。

一緒に洋服の仕分けをしている際に、「いくら高くても肩パッドの入ったボディコンのスーツはもう着ないですよね?」と確認すると、「着ない」とはっきり言います。**でも、捨てないのです!** その理由は、「高かった」から。

また、さらに上の世代になると着物が手放せない。もう着ることもないけれど、昔の着物は正絹だから価格も本当に高く、帯も立派なものばかり。

でも、引き取ってもらおうとすると、一山千円なんてこともあります。「その値段なら買取してもらわなくて結構！」と、また自宅に置いておくわけですが、もう着ないんですよね。そして、置く場所に困っているとも言うのです。

着ないし、場所もとるから、自分では不要だとわかっているけれど、手放せないのは、「高かった」から……。

「高かったから」は、呪縛の言葉でしょうか？

いずれにしても、洋服を着る・着ないではなく、買った時の値段に執着しているのです。これは、「着る」「着ない」「着られない」以前の問題ですね。

高かったからと家の中に置いておいて何になるのですか!? 他の安いモノとなんら変わりないですよね。いい加減どこかであきらめないと何も変わりません。

住宅建物本体って、新築購入時からたった1年で価格が大幅に下落するってご存じでしたか？ そして、数年、10年、20年と経過していくうちに建物としての価値はほとんどなくなっていきます。人生で一番高い買い物と言われている住宅でさえ、目減りしているのに、衣服はそのままであるなんてことありえませんね。

買った時に高くても、同じ代金で引き取ってもらうことは到底不可能なこと。そんなことは重々わかっていますよね。**洋服本体ではなく、「購入した時の金額」をずっと引きずっている。**

もう役割は果たしたとあきらめないことには、一生ただ持ち続けるだけです。

高くても今はもうその当時の価格にもならないし、価値がないと理解すること。逆に、デザインはもう古臭いけど、当時高かったブランド服を「買わない？」って言われたらあなたは買いますか？　ってことです。

自分が着ないものは、他人も着たくないのです。

要らないと思う服をあなたは「高かった」という理由だけでとっておいているのです。買った金額に振り回されるのはやめましょう。

最終章

クローゼットが
片づいたら
セルフイメージも上がった！

クローゼットを整理することの本当の意味

なぜ、クローゼットの整理をすると良いのか。ムダ買いや探す手間をなくすことであったり、洋服を管理することであったりと実用性の部分もあります。

しかし、私が言いたいことは、この章に集約されていると思います。**必要なモノだけを持つということは、自分にとって大事なモノがわかっているということ。**自分の弱い部分、コンプレックスも認めているということ。

心理的に自信のない人ほど自分を大きく見せようとします。同じようにコンプレックスがある人は、そこを補うために過剰にその部分を華美にします。

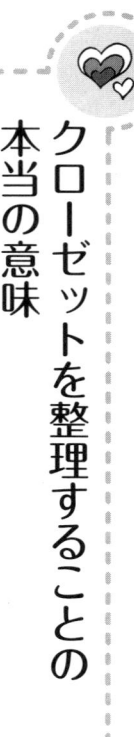

コンプレックスの代替で代表的なものが、自分ができなかった、叶わなかったことを子どもにさせること。習い事であったり、いい大学へ進学させようとしたり……。

また、貧しい家庭で育った人のなかには、お金に憧れ、お金持ちになろうとする人がいます。社会的な地位に縁がなく、欲している人は、著名な人を友人の友人のそのまた友人であるといったような自慢話をしたりします。それと似て、自分に注目を集めたいという思いがある人は、ファッションでその部分を満たそうとします。

それは、悪いことではありません。ファッションを楽しむことは、とても素敵なことです。ただ、次から次へと購入して、単に持ち続けることには終わりがありません。人生の時間は限られています。そして、残念なことに個人に与えられた人生の時間は、個人差があります。90年以上の人もいれば、わずか十数年の人もいます。自分の時間の残りは誰にもわかりません。そのわからない限られた時間を溢れるモノの維持管理に費やしてほしくないと私は思うのです。

シンプルな暮らしをするということは、インテリア性ばかり取り上げられていますが、**極力余計な時間を使わないで、楽しむための時間を増やすためのシンプルさ**なのです。

だからこそ、クローゼットを整理するということは、人生の残り時間を素敵に、イキイキと過ごすための重要な役割をしているのです。

洋服は、あなたを素敵に見せるアイテムであり、ビジネススキルの1つであり、自分の価値を高めるものなのですから——。

セルフイメージを上げる

日本人はとりわけセルフイメージが低い傾向（よく言えば謙虚）があります。私もそのうちの1人でした。他人から見た自分と自分で感じる自分のかい離は、自分にとっての最高峰と比較しているからではないでしょうか？　この最高峰が高くない方というのは、自分に自信を持ちやすいです。

私なんて、美の基準の最高峰が「グレース・ケリー」（故モナコ公妃）だから、たまに「おきれいですね」なんて言われても、グレース・ケリーと自分を比較したら、そんなワケないでしょう！　全くきれいじゃないですケド!?　って思ってしまうんです。これが、自分の基準が例えば私の母親だったら、も～う「私は美人」って思っているかもしれません（笑）。

コンプレックスが大きい人は、自分の中でイメージ比較する人物のレベルが高すぎるという要因があるからだと思います。

でも、このイメージを低くすることは難しいかもしれません。ある意味、価値観ですから。けれど、自分で自分の評価を上げることはできるのです。それが、セルフイメージを上げるということ。

セルフイメージは、自信によって上がっていきます。では、自信はどこからついてくるのでしょうか？　それは、周りの人がきっかけを与えてくれるのです。

小さな子どもがお手伝いをした時に「上手にできたね、助かったわ。ありがとう」と言ってあげれば、それはその子の自信になり、「次は何を手伝う？」「もっと手伝いたい！」とやる気につながります。

逆に、「何やっているの!?　役に立たないね」と言われたとしたら、もう二度と手伝おうとしなくなるし、自信はひとかけらもつきません。つかないどころか、自分は役に立たない、ダメな人間だと思い込むことでしょう。

人間は、生まれた時は真っさらで、「できない、ムリ」なんて言葉を持っていません。しかし、先に述べたように周囲の何気ない一言の積み重ねで、自分自身の評価がどんどん下がっていくのです。

そうして、何ひとつ自信がない自分で生きてきたある日、スタイル（恰好）やファッションを友人に褒められた。それはそれは、嬉しいことです。また別のある日も褒められた。すると、それまで背中を丸めて歩いていた人が、背筋を伸ばし快活に歩くようになります。

自分は褒められるモノを持っている、と確信したから。ひとつ自信がつくと、何か他のことにも挑戦しようと思ったり、積極的に行動したりしようと思えるようになるのです。

服を整理すると、きれいになる

学生時代、会社員時代のある時期までは、私はオシャレが好きでした。似合う、似合わないは別として。ただ、独立前に7年間ほど勤めていた会社は、個性的なファッション、ヘアスタイルは暗黙の了解で禁止でした。地味な色のスーツ、ひとまとめにした髪、ノーメイクに近いメイク（まあ、もともとメイクはほとんど薄かったので、メイクはどちらでも良かったのですが）。

ずっと個性的なファッションを意識してきた私には、当初辛かったですが、人間というのは慣れの生き物ですから、すっかり地味～な雰囲気が板についていました。

そして、独立してしばらくはそんな感じのまま。クローゼットには、暗い色合いの洋服がいっぱい、似たような衣服がたくさんありました。

そんなある日、ウィンドウショッピングで大好きなオレンジのワンピースを見つけました。久しぶりに心躍り衝動買い。そのワンピースを着ると行く先々で褒められるのです。「きれいな色ね」「似合ってるよ」って。また、タイミングよく、独立した当時は褒め上手な女性経営者ばかりが私の周りにいました。

それから、少しずつ以前の気持ちに戻りつつあった時に、前述したイメージコンサルタントのアドバイスを受けました。これも知人がこの資格を取るにあたって、最終講義に誰かを連れていかないと受けられないということで、行ってきたのです。知人がたどたどしく私のカラーとイメージを探り出し、有名な先生がちゃんと判断してくれるという、つまり無料で見てもらったのです。

結果、カラーは前述のとおり彩度の高い原色系と黒、純白。似合う服装イメージは、なんと！　顔は全く違うけどグレース・ケリータイプだったので気をよくして、アドバイスを受け入れたファッションにシフトしました。

そして、ヘアスタイルは本当は、できればロングで巻き髪ということでしたが、仕事上ジャマだったのでショートに。これが評判よく、どこに行っても外見を褒められるようになり、褒められるとさらに気をつけ、クローゼットの整理も定期的に拍車がかかりました。少しでも自分で「イマイチかな」と思った洋服、「素敵に見えない」「微妙」という判断をした洋服は、とまどうことなく手放していくようになりました。

人間、不思議なもので外見が褒められるとやっぱり自信がつくんですね。仕事にもプラスに影響します。自信というものが立ち振る舞いに表れるので、いい意味での大御所感（笑）が出ます。これは、講師業としては非常にプラスになります。あとは、クローゼットの整理などの講演で、「洋服を整理するときれいになります」と言えること。容姿ではなく、服装などの外見上で言えるからです。

自分のことを価値ある人間と思えることは、仕事でも、子育てでも、親子関係でも、なんでも余裕ができます。余裕があると人は、気持ちにゆとりがあるので、前向きになれるし、優しくもできます。
そして、モノを抱え込まなくなるのです。モノは、あなたの埋められない何かの代わりだったから。

人は見た目が全てではありません。しかし、お互いを知り合うには時間が足りなすぎます。だから見た目が大事なのです。あなたの良さを知ってもらうとっかかりとしての服装――。この服装があなたを活かします。活かすためには、クローゼットの中を素敵なアイテムだけで揃えること。

今週末、今度の衣替え、あなたのタイミングでぜひ、あなたを素敵にするアイテムだけをきれいにしまってみてください。きっと、違う自分が現れます。

似合う服だけに囲まれた、片づいた毎日のために――

この本は、単に洋服の整理ではなく、洋服によって自分に自信をつけたい、自分を変えたい、そう思う方にも読んでいただきたいと思って、後半は私自身の体験と併せてマインドを中心に書きました。

服は着られれば何でもいい。ただ、片づけたい、と思う方向きの本ではないと思っています。

洋服が好きでいつもいろいろ買ってしまうという方、定番さえあればいいので数は少ないという方、質のいいモノを少しという方、流行は絶対外せないと毎シーズンいっぱい買い込む方、いろいろだと思います。

クローゼットに洋服がいっぱいある。けれど、それは単に持っているだけ。たくさん洋服を持っているのに、いつも同じような恰好。

素敵な人はきっと私よりも洋服をいっぱい持っているのだろうな……って、もしかして思っていますか。

でも、それは違うのです。

いつ会っても素敵な人、オシャレな人、輝いている人。そんな人は、自分にとって似合う洋服がわかっているのです。そんな人のクローゼットには、数は多くないけれど、厳選された洋服だけがきれいに収まっています。

「自分に似合う洋服」がわかっている。「厳選された洋服」だけがある。それは、自分というブレない軸をしっかり持っている証。私はこのスタイルで生きていく、ビジネスならこの外見で勝負をかけるという強さもあります。

ファッションに関して、周りから称賛されたいのか、私という「個」を出していきたいのかなど、表現したい自分によっても大きく変わってくることは確かです。いずれにしてもきちんと表現をするためにもアイテムである洋服をきちんと整理するということは大事なのです。

似合う洋服を着ることで多くの人から驚くほど褒められます。そして、褒められていくと、人はどんどんきれいになっていきます。

それは、自信という内なるオーラが出てくるから。

自分に自信を持っている人のクローゼットは、機能性があり、スッキリとしています。清潔感があって、素敵に見える男性は仕事もできます。

心から褒められると誰もが嬉しくなり、素敵に変わります。そんな人を私はたくさん見てきました。女性が美しくなり、男性が素敵になると、日本経済も活気が出てくるのではないでしょうか!?

あなたの内なる魅力を活かすも殺すも洋服次第。ぜひ、活かすためのクローゼット整理を始めていきましょう！

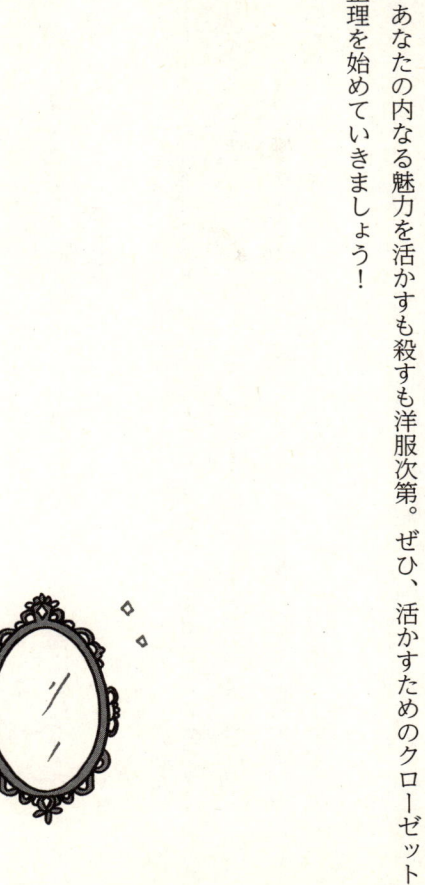

おわりに

前著『玄関から始める片づいた暮らし』は、デビュー作でありながら、1か月で書き上げた片づけ本でした。そして、私の予想に反して増刷が続く売れ行きで、待望の2冊目がスムーズに決まったのです。

もし、2冊目が発刊できることになったら、次こそは余裕のあるスケジュールで執筆をしたいと思っていました。でも……(笑)、初の海外講演中に2冊目が決まっていたのですが、その後怒涛のスケジュールとなり、〆切を決めてもらわないと書き上げられない！　そう感じて、決めてもらったら、なんだかんだで、前著よりタイトな2週間しかない状況に――。

しかし、2冊目はやはり作家としては夢で、2冊目が出版できますようにと、ずっと密かにお願い事として手帳に書いていました。

前著からお世話になっている青春出版社の手島さんから、上海滞在中に「勝手に第2弾の企画を決めちゃいました！」と嬉しい報告がありました。その直前にやはり前著でお世話になっていたフリー編集者の糸井浩さんに、2冊目出したいんですよね～とメールで軽く相談をしていたところだったのです。

またまた、この2人と一緒に仕事ができることをとても嬉しく思いました。

洋服は、片づけられない人にとっては避けて通れないテーマです。

なぜこんなに持ってしまうのだろうというくらい、洋服を大量に抱え込んでいる人は少なくありません。しかし、量より質を、そう感じてほしいと思います。

数を持っているだけでは、何にもならない。着ていないのですからね。

人は、ファッションひとつで見た目が大きく変わります。特に女性はさなぎから蝶へ変わるように美しくなります。それに内面からの美しさが加われば、透明感ある凛とした女性にワンランクアップします。

そのためには、外見的に「似合う」「素敵に見える」洋服だけを持つ、そして、きちんと片づけることで丁寧な暮らしがにじみ出て、内面の美しさもあふれ出てくるのです。クローゼットと併せて住まいを片づけることで、あなたに無敵の美が与えられるのです。

オーバーな！（笑）と思われるかもしれませんが、片づけただけでも十分に輝いていく女性をいっぱい見てきました。それにファッションがプラスされれば、本当に鬼に金棒ですよ。

前著発刊後、全国メディアに出演したり、海外講演をしたりと、生活が一段と慌ただしくなりました。

以前に増して、出張で日本国内および海外まで仕事が入り、家を空けることも多い中、いろいろ心配や迷惑を多々かけている母と、寂しい思いもさせていると思う娘がいるからこそ頑張ってこられています。ありがとう。

そして、こうして2冊目がスムーズに発刊できたのも、書籍を購入してくださった読者の皆様が、嬉しい感想を広めてくださったこと、毎日更新しているブログ読者の方々が応援してくださっているおかげです。セミナーや講演の受講者様。「あさイチ」をご覧になってから、ファンになったと応援してくださっている方々。お会いしたこともない、顔も知らないけれどたくさんの方の目に見えない応援によって今に至っています。本当にありがとうございます。

この本を読んで、数よりも似合う服を厳選して持つようになり、イキイキとした出で立ちで自信を持っていただき、住まいがスッキリとなれば幸いです。

上海のホテルより　広沢かつみ

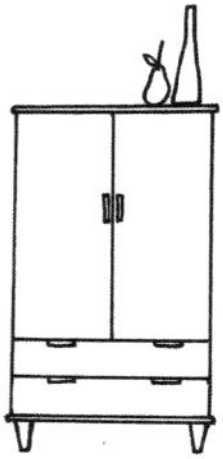

青春文庫

服《ふく》が片《かた》づくだけで暮《く》らしは変《か》わる

2016年10月20日　第1刷

著　者　広《ひろ》沢《さわ》かつみ

発行者　小澤源太郎

責任編集　株式会社プライム涌光

発行所　株式会社青春出版社

〒162-0056　東京都新宿区若松町 12-1
電話 03-3203-2850（編集部）
03-3207-1916（営業部）
振替番号　00190-7-98602

印刷／大日本印刷
製本／ナショナル製本
ISBN 978-4-413-09656-0

最新ポケット版
農薬・添加物はわが家で落とせた

増尾 清

野菜、果物、肉、魚、加工食品、調味料、お菓子…不安な食品も、これなら安心。すぐに使える自己防衛法。

(SE-652)

できる大人の時間の習慣
一生得する! 役に立つ!

ライフ・リサーチ・プロジェクト[編]

「時間がない」のは、すべて思い込みです! スケジュール管理、目標設定、段取り……ムダなく、無理なく、最短で結果が出せる!

(SE-653)

すべては感情が解決する!
振り回されない、巻き込まれない、心の整理法

リズ山崎

感情的な人に振り回されがちな人、自分の感情がコントロールできなくなる人、必読の一冊。「感情免疫力」を高めて、心をラクにする方法

(SE-654)

図解
「哲学」は図で考えると面白い

白取春彦[監修]

生きるとはなにか、幸せとはなにか、自分とはなにか…この一冊で、哲学の「?」が「!」に変わる!

(SE-655)